《乡村振兴战略下宁夏乡村文旅协同发展研究丛书》

编委会

宁夏乡村特色文化资源与旅游

NINGXIA XIANGCUN TESE WENHUA ZIYUAN YU LÜYOU

乡村振兴战略下宁夏乡村文旅协同发展研究丛书   丛书主编　张仁汉

主编　邹荣　副主编　冯晶晶　黄浩宇

黄河出版传媒集团
阳 光 出 版 社

图书在版编目（CIP）数据

宁夏乡村特色文化资源与旅游 / 邹荣主编. -- 银川：
阳光出版社，2021.4
（乡村振兴战略下宁夏乡村文旅协同发展研究丛书 /
张仁汉主编）
ISBN 978-7-5525-5974-3

Ⅰ. ①宁… Ⅱ. ①邹… Ⅲ. ①农村文化 - 研究 - 宁夏
②乡村旅游 - 研究 - 宁夏 Ⅳ. ①G127.43 ②F592.743

中国版本图书馆CIP数据核字（2021）第116286号

乡村振兴战略下宁夏乡村文旅协同发展研究丛书　　　　邹　荣　主　编
宁夏乡村特色文化资源与旅游　　　　　　　冯晶晶　黄浩宇　副主编

责任编辑　胡　鹏　林　薇
封面设计　王胜泽　邬　楠
责任印制　岳建宁

黄河出版传媒集团
阳 光 出 版 社　出版发行

出 版 人　薛文斌
地　　址　宁夏银川市北京东路139号出版大厦 （750001）
网　　址　http：//www.ygchbs.com
网上书店　http：//shop129132959.taobao.com
电子信箱　yangguangchubanshe@163.com
邮购电话　0951-5047283
经　　销　全国新华书店
印刷装订　银川银选印刷有限公司
印刷委托书号　（宁）0021305

开　　本　720 mm×980 mm　1/16
印　　张　13.75
字　　数　220千字
版　　次　2021年10月第1版
印　　次　2021年10月第1次印刷
书　　号　ISBN 978-7-5525-5974-3
定　　价　49.80元

《乡村振兴战略下宁夏乡村
文旅协同发展研究丛书》

总　序

　　穿过乡土与时间的缝隙，在平凡朴实的土地上人文渊薮，千年传承。乡村作为联结历史、文化、情感的综合体，其独特的空间格局、丰富的人文环境，不仅是中华优秀传统文化的重要栖身之所，而且是文化自信浓厚质朴的底色。党的十九大提出实施乡村振兴战略，是以习近平同志为核心的党中央着眼党和国家事业全局，深刻把握现代化建设规律和城乡关系变化特征，顺应亿万农民对美好生活的向往，对"三农"工作作出的重大决策部署，是决胜全面建成小康社会、全面建设社会主义现代化强国的重大历史任务。目前，面对错综复杂的国际形势和艰巨繁重的国内改革发展稳定任务，特别是新冠肺炎疫情的严重冲击，当今世界正经历着百年未有之大变局。随着新一轮科技革命和产业变革的深入发展，我国已转向高质量发展阶段，乡村振兴不仅关系到我国是否能从根本上解决城乡差距、乡村发展不平衡和不充分的问题，而且关系到中国整体发展是否均衡，是否能实现城乡统筹、农业一体的可持续发展的问题，更是关系着全面建设社会主义现代化国家的全局性、历史性任务，应该说，乡村振兴是新时代"三农"工作的总抓手。在此背景下，如何更好地吸取和借鉴人类文明史上的经验教训，以乡村振兴战略作为总要求，减弱城市化和工业化等乡村衰落的诱因，深入探索文旅协同路径中乡村的可持续发展道路，这一问题值得我们思考。

　　自党的十九大以来，紧密围绕农业农村现代化这一伟大目标，以乡村振兴作为重要战略，积极规划构建了一系列方针要求和政策体系，为乡村振兴的实施提供了充分的制度保障。通过党的十九届五中全会、国家"十四五"规划，以及2021年中央一号文件精神在农业农村现代化发展问题上的精耕细化，不仅为我国新发展阶段优先发展农业农村、全面推进乡村振兴作出了总体部署，而且为做好当前和今后一个时期"三农"工作指明了方向。

在繁荣发展文化事业和文化产业，提高文化软实力方面，突出了乡村的重要作用，要积极推动文化旅游融合发展，发展红色旅游和乡村旅游，以讲好中国故事为着力点，创新推进国际传播，加强对外文化交流和多层次文明对话。在此基础上，自治区党委十二届十二次全会更为明确了宁夏农业农村发展的重要性，在优先发展农业农村和全面实施乡村振兴战略的同时，不断夯实农业发展基础，实施乡村建设行动，持续深化农村改革。通过国家之力和宁夏具有连贯性、一致性的政策支持，将为宁夏的乡村沃野更好地实现"产业兴旺、生态宜居、乡风文明、治理有效、生活富裕"的目标提供不竭动力。

"应融则融，能融尽融，以文塑旅，以旅彰文。"近年来，宁夏积极响应国家文旅协同发展的号召，顺应文化旅游协同发展的新趋势新要求，以文化提升旅游品质，用旅游传播宁夏故事，加快全域旅游示范区建设，着力推动经济高质量发展。2017年，宁夏印发《"十三五"全域旅游发展规划》，对全域旅游发展作了详细的意见指导。2018年，伴随着文化和旅游部的正式挂牌，各地开启了文化与旅游协同发展的大幕。在此背景下，宁夏在推动全域旅游和文旅协同高质量发展的进程中，以"全景、全业、全时、全民"的发展思路，加大旅游资源的融合力度，把得天独厚的文化资源转化成独一无二的旅游资源，让"塞上江南·神奇宁夏"的品牌更加亮丽。特别是将现代农业和旅游业相结合，通过一、二、三产业的融合，从客户喜好探寻市场需求，继而通过一、二、三产业的深度融合，把旅游产业做大做强，增加农民就业，促进农民增收，推进农村经济的绿色可持续发展，特别是加快推进文化旅游产业协同发展。在基础设施方面，确保整个旅游的六个要素与整个文化元素相结合，把握住我国大力发展旅游产业的契机，尤其还结合乡村振兴战略，按照"一镇一特色、一地一风情"打造一批旅游村镇，让游客感受六盘山区传统文化，望得见贺兰山、看得见黄河水、记得住塞上江南风情。

截至目前，全国关于文旅协同发展的系统性研究成果十分有限，我区关于本地文旅协同发展的系统性书籍更是同样匮乏，基层工作者和乡村旅游从业者缺少科学有效的理论指南和实践指导。为此，宁夏回族自治区民族艺术研究所（以下简称宁夏民族艺术研究所）专门开展了相关课题研究，组织单位骨干、高校和社科院的专家学者多次奔赴乡村田野进行调研，以全面充实的乡村资料为基础，编撰出版了《乡村振兴战略下宁夏乡村文旅协同发展研究丛书》，这套丛书深层次、全方位地对宁夏在乡村振兴战略引导下发展乡村旅游、依托乡村旅游脱贫致富作了详尽的分析阐述，希望为乡村管理干部及乡村旅游从业者提供科学的理论和实践指导，从而更加科学有效地促进宁夏乡村文旅协同发展，促进人民生活质量的提升。这套丛书内容涵盖了宁夏乡村文化与旅游、宁夏乡村特色文化资源与旅游、宁夏乡风文明建设与旅游、宁夏乡村公共文化服务与旅游、宁夏美丽乡村建设与旅游等，对宁夏的乡村文化和旅游发展进行了细致的梳理，其中还对宁夏的全域旅游、乡村传统文化、旅游发展现状及问题对策、美丽乡村等作了深入的调查研究，是乡村旅游工作者亟须的理论书籍。丛书内容通俗易懂，理论结合实际，图文并茂，并结合案例分析，相信一定能为宁夏乡村旅游发展提供理论指导，推动宁夏乡村旅游业的发展。

在此，感谢参与本书策划、撰稿、编辑出版的各位专家学者，感谢他们为宁夏实施乡村文旅协同发展贡献智慧和力量。

张仁汉

2020年6月

张仁汉，曾任宁夏回族自治区文化和旅游厅副厅长（挂职）、现任宁夏广播电视台副台长。

序

2018年，中共中央国务院印发了《乡村振兴战略规划（2018—2022年）》，对乡村的内涵做出了明确的阐释：乡村是具有自然、社会、经济特征的地域综合体，兼具生产、生活、生态、文化等多重功能，与城镇互促互进、共生共存，共同构成人类活动的主要空间。因此，乡村作为人类生活的主要空间，加强对乡村特色文化的研究，是对我国传统优秀文化的传承和弘扬。

宁夏乡村拥有丰富的特色文化资源，其源于宁夏人民在长期的农业生产和乡村生活中创造的物质文化、精神文化、制度文化、行为文化以及相关的文化形式 。在宁夏诸多的特色文化中我们选取了宁夏的非物质文化、乡村移民文化、特色小镇文化、传统村落文化作为这本书的主要架构，是基于这几种文化目前仍然在乡村生产生活中发挥着重要作用，都带有浓厚的乡土气息和地方特色，是发展旅游必不可少的文化资源。

目前，宁夏进入全域旅游发展的上升期，乡村旅游是全域旅游的重要组成部分，发展乡村旅游，文化是核心，特别是乡村特色文化，它呈现了当地的自然环境和生计方式，反映了不同时期宁夏乡村的精神风貌。《宁夏乡村特色文化资源与旅游》一书对宁夏的乡村特色文化资源进行了详细的梳理，也对宁夏乡村特色文化与旅游协同发展提出了很多建设性的意见和建议，对宁夏今后乡村文化的发展从理论到实践中都具有重要的指导意义。

邹 荣

2020年10月

目　录

第一章 乡村特色文化资源

第一节 乡村特色文化资源内涵

一、乡村和乡村文化概念

乡村是指居民以农耕经济活动为基本内容的一类聚落的总称，又称农村或非城市化地区。在中国，乡村主要是指从事农业生产和农民聚居的地方，一般包括自然村落、行政村、城中村、社区、乡镇以及贫困山区的县（区）小城等广大地区。[①] 乡村是具有自然、社会、经济特征的地域综合体，兼具生产、生活、生态、文化等多重功能，与城镇互促互进、共生共存，共同构成人类活动的主要空间。乡村兴则国家兴，乡村衰则国家衰。振兴乡村要坚持全面振兴，抓重点、补短板、强弱项，实现乡村产业振兴、人才振兴、文化振兴、生态振兴、组织振兴，推动农业全面升级、农村全面进步、农民全面发展。这一立体式全方位战略，顺应亿万农民对美好生活的向往，是解决"三农"问题的重大战略，是新时代社会主义新农村建设的指引，是落实新发展理念的重大举措。

乡村文化是乡村社区居民与自然相互作用过程中创造出来的所有事物和现象总和，包括节庆民俗、传统工艺、民间艺术等方面的可视性文化事项，

[①] 韦顺国.广西桂西资源富集区乡村文化建设研究 [D].陕西师范大学，2014.

以及乡村社会审美观念、古朴闲适的乡村氛围等满足人们回归自然的需求。①

乡村文化有物质与非物质之分。乡村文化的物质方面包括乡村的房屋住所、劳动工具、生活器具、服饰以及艺术品等，是乡村物质文化的外在表现形式；真正具有乡村文化内涵的还是乡村的非物质文化，它包括乡村的风俗习惯、民族信仰、乡间道德伦理、当地特有的语言、艺术以及一些其他约定俗成的东西。在这些物质与非物质的乡村文化之间蕴含的深刻内涵则正是乡村居民的价值观及乡村的一种共同的价值观。

乡村文化相对于城市文化而言，在传统农业社会里，两者只有分布上的差别而无性质上的不同。乡村文化是城市文化的根基。乡村文化具有极为广泛的群众基础，在民族心理和文化传承中有着独特的内涵。

乡村文化是传统文化的家园，是一种带有浓厚的乡土气息和人文气息的文化。是乡民在农业生产与生活实践中逐步形成并发展起来的道德情感、社会心理、风俗习惯、是非标准、行为方式、理想追求等，是农民群众文化素质、价值观、交往方式、生活方式的集中反映，以言传身教、潜移默化的方式影响人们，反映了乡民的处事原则、人生理想以及对社会的认知模式，是乡民生活的主要组成部分，也是乡民赖以生存的精神依托和意义所在。

中国作为一个传统的农业大国，乡村存在的历史极为悠久。在这深厚的历史积淀下，乡村文化逐渐形成和发展起来，中华民族传统文化也与此同时慢慢形成和发展。因而，中华民族传统文化在很大一部分就是乡村文化，或者更进一步说，中华民族传统文化就是在乡村文化的基础上诞生的。乡村文化具有极为广泛的群众基础，在民族心理和文化传统中有着独特作用。乡村文化所蕴含的文化价值可以说是中华文化几千年传承发展的结晶，在新时代，尽管工业文明和城市文明长足发展，但乡村文化仍有其独立的价值体系和独特的社会精神价值，乡村文化的传承发展和研究仍具有相当重要的现实意义。

乡村文化的典型表现在于乡土情结，乡土是我们的家乡故土，是我们

---

① 刘德谦. 关于乡村旅游、农业旅游和民俗旅游的几点辨析 [J]. 旅游学刊，2006.

成长的地方，是居住在这片土地上的人们在与自然长期相互作用的过程中创造出来的所有物质文化和精神文化的总和，包括居住村落、劳动工具、生活用具、服装、传统工艺、节庆民俗、民间艺术等方面的可视性文化事项，以及乡规民约、生活方式、传统习俗、乡间伦理道德、村民信仰及社会审美观念等。

乡村文化振兴是实施乡村振兴战略的智慧源泉和内生动力，是基于当下我国乡村文化的自我觉醒与积极应对，是对优秀传统文化的挖掘、传承与复兴。乡村文化振兴的基本内涵是对中国乡土社会、乡土文化的极大弘扬，并以社会主义核心价值观为引领，构建中国特色社会主义乡村文化体系，为世界文化多元性提供中国样本。[①]

二、乡村特色文化概念及内涵

中国地域广阔，不同的自然环境造就不同的生计方式，不同生计方式与当地的社会文化相互作用形成不同的地域文化，每个地方、每个村落都有自己的特色文化。

乡村特色文化源于乡村生产生活，是乡村居民在长期的农业生产和农村生活中创造的物质和精神文化成果的总和，带有浓厚的乡土气息和地方特色。乡村特色文化既是乡村历史发展的沉淀，也是乡村社会的重要体现。从留存的古街、古祠、民居、用具中可以找到乡村传统社会的痕迹，从历史故事和名人名文中可以寻觅乡村社会的风貌，从传统民俗民风、家规家训中可以看到乡村社会的"初心"。[②]受村落特殊发展环境和具体历史条件的影响，不同乡村聚落有可能形成不同的文化形态，进而塑造出村落的特色文化，构成村落社会的重要标识。

---

① 范建华，秦会朵.关于乡村文化振兴的若干思考 [J].思想战线，2019.

② 卢福营，鲁晨阳.村落特色文化保护与开发的策略选择——基于浙江省江山市清漾村的调查 [J].杭州师范大学学报，2019.

（一）外显的物态文化

物态文化是乡村文化的基础，是外显的，是我们能够看得见，摸得着的，比如乡村的山水田园、乡村聚落、乡村肌理、乡村建筑、农耕工具、民俗工艺品、民间小吃、民族服饰等。乡村的物态文化是显性的，也是直观体现地域特色的符号，是有别于城市文化的表现之一。

如江南的小桥流水人家，北方的四合院或者三合院，黄土高原的窑洞，闽南地区客家的土楼碉堡，西南少数民族地区的干栏式竹楼等，都是不同地域乡村的特色民居建筑。

浙江省嘉兴市桐乡乌镇的小桥流水人家（展帆／摄）

我国不同区域的乡村除了各具特色的民居建筑，还有千姿百态的民俗工艺品、民族服饰、地方小吃，它们是不同地域的物态符号。例如保安刀、藏刀、英吉沙小刀、户撒刀、都是各民族传统的手工工艺品，也是乡村特色文化资源；不同民族的服饰也是不一样的，从服饰上我们就可以知道是什么民族，是哪个地方的。特别是西南的一些少数民族，同一个民族，不同地方，不同村落，他们的服饰都有不同的特点，如苗族，湘西的苗族服饰和贵州东南地区的苗族服饰是不一样的，湘西的苗族有着楚文化的熏陶，服饰比较精致，擅长刺绣，非常注重首饰，银首饰至今还是湘西苗族妇女最喜爱的传统装饰品，也是游客喜欢购买的工艺品。相对于湘西的苗族来说，位于川、黔、滇、桂等地区的苗族，服饰相对简单，颜色较浅，银饰也较少。从饮食文化

甘孜藏族自治州丹巴甲居藏寨（展帆／摄）

来说，由于不同的自然环境和生计方式，所呈现的地方美食和特色小吃也是不一样的，如新疆的馕、羊肉串、大盘鸡、椒麻鸡；宁夏的滩羊肉、羊杂碎；西藏的牦牛肉、酥油茶；内蒙古的手扒肉、馅饼；陕西的羊肉泡馍；江苏的叫花鸡、全竹宴、西湖糖醋鱼、盐水鸭、阳澄湖大闸蟹；云南的拉祜土锅鸡、牛干巴、喜洲粑粑；四川的串串、棒棒鸡；重庆的火锅；广东的早茶等。各具特色的衣食住行所反映的物态文化，折射出我国地大物博、自然条件差异显著的特点，同时，也是我国广大劳动人民在不同地域生产生活中的智慧体现，也是不同地域乡村特色文化的符号。

（二）内塑的精神文化

精神文化是乡村文化的内核，它对乡村人们的精神世界起到内化和塑造

的功能。所谓精神文化是指属于精神、思想、观念范畴的文化，代表不同民族的特点并反映其思维方式、价值取向、伦理观念、心理状态、理想人格、审美情趣等。[①]

乡村的精神文化是中国传统文化的重要组成部分，它维持着乡村的道德教化功能，丰富着乡村居民的精神世界。中国地域广阔，不同区域，不同民族的精神文化是千姿百态的。

乡村的精神文化建设需要挖掘优秀文化，用社会主义核心价值观重塑乡村的精神世界。近年来，国家对乡村文化事业建设进行了大力支持，在乡村文化设施上进行了补充和完善，大力修建乡镇图书室、农村文化广场、农村文化大院、农村娱乐体育设施等重点文化惠民工程，积极推进广播电视村村通，推进广电网、电信网、移动网"三网融合"等网络工程建设，加强乡村的精神文明建设。不断提升群众践行社会主义核心价值观的思想自觉和行动自觉，注重挖掘乡村传统文化中的精髓，注重弘扬家庭美德，传承家风家训，营造尊老爱幼、和睦团结的良好风气，集中宣传社会主义核心价值观、中华优秀传统文化、文明礼仪，以良好的环境教育人、感染人。通过评选"好媳妇""好公婆"，设立"善行义举榜"，举办"道德讲堂"，宣扬好人好事，展示善行义举，用身边的事教育身边的人，倡导崇德向善的道德风尚，把村民的精神世界丰富起来，把乡村的优秀精神文化弘扬起来，让社会主义核心价值观成为村民基本精神和价值引领。

（三）多元的行为文化

行为文化是人们在日常生产生活中表现出来的特定行为方式和行为结果的积淀。乡村的行为文化层面大概体现在民风民俗、生活习惯、传统节日、民间文化艺术表演等方面。

民风民俗是特定社会文化区域内历代人们共同遵守的行为模式。风俗的多样性在习惯上，人们往往将由于自然条件的不同而造成的行为规范差异称

---

① 曾丽雅. 关于建构中华民族当代精神文化的思考 [J]. 江西社会科学，2002（10）.

之为"风"，而将由于社会文化的差异所造成的行为规则的不同称之为"俗"，所谓"百里不同风，千里不同俗"正恰当地反映了风俗因地而异的特点，我国56个民族的风俗习惯也是各不相同的。

传统节日、少数民族节日、重大纪念日等是中华民族传统文化的重要组成部分，是乡村居民的精神载体。春节、端午节、中秋节、重阳节、元宵节等传统节日和劳动节、国庆节等重大纪念日是56个民族共同庆祝的日子。还有一些少数民族的节日：蒙古族的祖鲁节、那达慕、祭敖包；壮族的歌圩节；傣族的泼水节；彝族的火把节；布朗族的茶祖节；苗族的苗年、龙舟节；白族的三月街、火把节；锡伯族的西迁节；藏族的沐浴节、藏历元旦；瑶族的盘王节；佤族的插种节；回族的开斋节等都是民俗文化的重要传承载体。利用传统节日弘扬传统文化艺术的活动也不少，宁夏固原正月十五耍社火；广东番禺化龙镇南狮艺术；杭州萧山党山雷公庙会；山东田横祭海节；浙江绍兴红江村的龙舟竞渡、开渔、丰收、祭祀等。还有一些新开发出来的节日也为繁荣乡土文化增色不少，河南官会镇民间文化艺术节、陕西民间文化艺术节、广西南宁国际民歌艺术节、宁夏的山花节、四川成都的非物质文化遗产节等，推出了一批极富特色的民间艺术项目，具有传统和地域特色的剪纸、绘画、泥塑、陶瓷、雕刻、编织等民间工艺项目，戏曲、杂技、花灯、龙舟、舞狮舞龙等民俗表演项目，古镇游、生态游、农家乐等民俗旅游项目。搭建文化平台，宣传当地传统文化，增加了地方知名度，扩大了地方影响力。

近几年，宁夏文化和旅游厅带领各文艺团体大力弘扬"文化大篷车"精神，开启送戏下乡的惠民工程，坚持以人民为中心，以社会主义核心价值观为引领，以戏剧、曲艺、音乐、舞蹈等群众喜闻乐见的艺术形式为载体，为广大群众带去党的政策、带去党的关怀、带去欢声笑语，让群众真正感受到文化惠民带来的幸福感，在提升农民精神风貌和文明程度方面做出了积极的贡献。

随着乡村公共文化服务体系的完善，一些地方的民营艺术表演团体也开始复兴起来了。宁夏民间的表演艺术团体是乡村地区精神文明建设的担纲者，是乡村地区道德教化的引领者。宁夏中卫市新兴秦腔演艺文化传媒有限公司，主要以传统秦腔剧目为主，加以新编现代、历史剧目、眉户歌舞晚会为辅，贯彻执行党的文艺方针政策，以活跃农村文化生活，提高农民素质为己任。

西吉社火大赛（展帆／摄）

建团十多年来一直活跃在宁夏、甘肃等农村地区，在广大群众中享有很高的声望和赞誉。宁夏西夏乐舞艺术团，创作的《神秘西夏》，再现了西夏服饰、西夏器乐演奏、西夏宫廷乐舞等元素，受到了专家的好评。宁夏西夏乐舞艺术团搭上旅游的顺风车，借助文旅协同发展的平台，找到了自己独立发展的新路子。另外还有固原秦声演艺公司、固原宁红艺术剧院，他们也发挥着宣传党的政策，积极服务乡村文化建设的作用。

由于南方经济发达，民营剧团发展较好。据统计，浙江农村民营剧团的数量大约有四五百家，这些剧团不光在本地演出还外出巡演。部分剧团如嘉善县陶庄镇的民间表演曾经上过中央电视台。浙江还出现了一支"农村文化

中卫社火大赛（展帆／摄）

经纪人"队伍，农村各类经营性演出中60%的演出场次是由农村文化经纪人安排的。云南曲靖市陆良县马街镇21个行政村拥有农村文化团体28个。红河哈尼族彝族自治州石屏县的花腰彝歌舞团除在本地长期演出外，还积极探索与旅游业相结合的路子。安徽省蚌埠市禹会区冯嘴子村，家家都有学习花鼓灯舞蹈的传统。海南的艺术团送琼剧下乡、河北承德剪纸、热河二人转都极大地丰富了当地的农村演艺市场。民间传统文艺表演在农村是富有生长性的，表演的内容素材取自当地，表演形式喜闻乐见，表演人才后继有人，民间传统艺术在当地具有很强的生命力。

（四）规范的制度文化

制度文化包括社会法律法规、纪律制度、道德准则、社会约定等。乡约是乡民基于一定的地缘和血缘关系，为某种共同目的而设立的生活规则及组织。传统的乡约在中国社会的秩序构造中发挥了重要的作用，在教化乡里、促进乡治、劝善惩恶、御敌防匪、应付差徭、保护耕地山林等方面有一定实效。

徽州的宗法制度、乡规民约、民间组织、礼法兼治，宗族的日常管理主要是奖善惩恶、经营族业、维护公益、兴利除弊，济贫扶困。徽州人常常订立一些民间合约来维护自身利益，规范社会秩序。如民间的封禁合约是农民用来保护自身的有限资源的，如各种各样的封山育林、封禁鱼塘规约以及管理和保护坟山等。^① 徽州的这些宗法制度、乡规民约等承担着宗族的思想道德教化、经济救助，解决着民间的一些纠纷，维持着乡村社会的稳定。

云南的很多乡村有非常好的精神文明和伦理道德传统，民风淳朴，各地乡村都有非常规范的社会控制、社会管理机制，如瑶老制、石牌制、议榔制等大量卓有成效的乡规民约，有效地促进和维护了当地的环境资源保护、公共财产安全、社区和谐发展。

第二节　乡村特色文化资源特征

乡村特色文化是基于中国乡村政治、经济、社会和历史、地理等因素的特殊性而形成的多种文化的集合体，乡村特色文化主要体现在乡村特色农耕文化、民居建筑、饮食文化、民俗文化、乡规民约、民间艺术、民间故事与田园生态景观等。因此，乡村文化有其自身的特点。

一、乡村特色文化资源的独特性

乡村文化的独特性是指在特定的区域、特定的自然环境和社会环境作用下所形成的独特的生计方式和生产生活方式及系列民俗文化。每一个乡村都有其文化的独特性，即所在地的自然地理环境和历史文化所造就的差异性。中国南北由于自然地理环境不同，所呈现的文化形态也不同，主要表现在衣

---

① 章咏秋.民间制度文化与乡村治理的改善——以黄山市为例 [J].山西农业大学,2013（1）.

食住行上。南方人喜欢吃米，北方人喜欢吃面。北方的民居多以四合院、三合院、黄土高原的窑洞为主，土木、砖瓦结构，村落形态呈现多边形。南方的建筑形式比较多，有江南水乡的粉墙黛瓦、小桥流水人家，村落多以条形散落在水系两边。西南少数民族地区的建筑不尽相同，生计方式和饮食文化也是不同的。具体到小的地域范围和小的村落，其文化又是不同的。例如，宁夏位于黄河上游地区，东邻陕西省，其西部、北部与内蒙古自治区接壤，南部与甘肃省相连。南北相距约456公里，东西相距约250公里，总面积为6.6万多平方千米，地处黄土高原与内蒙古高原的过渡地带，地势南高北低。从地貌类型看，南部以流水侵蚀的黄土地貌为主，中部和北部以干旱剥蚀、风蚀地貌为主，是内蒙古高原的一部分。境内有较为高峻的山地和广泛分布的丘陵，也有由于地层断陷又经黄河冲积而成的冲积平原，还有台地和沙丘。地表形态复杂多样，为经济发展提供了不同的地理条件。据2004年统计数据显示，宁夏地形中丘陵占38%，平原占26.8%，山地占15.8%，台地占17.6%，沙漠占1.8%。山地有贺兰山和六盘山。贺兰山绵亘于宁夏西北部，南北长200多公里，东西宽15公里~60公里。山地海拔多在1600米~3000米，主峰达3556米。六盘山古称陇上，位于宁夏南部，是一条近似南北走向的狭长山脉。因此，宁夏中北部平原和南部山区，不管是从自然环境、历史文化、生计方式，还是从饮食习惯、民居建筑、民俗文化、方言上都有不同特色。宁夏中北部平原，因为黄河流经宁夏，所以盛产大米，因此，饮食上来说，吃米较多；南部山区，干旱少雨，靠天吃饭，主要种植耐旱作物，土豆、小麦、玉米等，相对吃面较多。民居建筑形式来说，南部民居屋顶陡峭，屋顶覆盖瓦片，因为南部降水量比较多；北部多是平顶屋，因为少雨，很多乡村地区用土与草和的泥巴抹在屋顶，起到御寒防暑的作用。从方言上，北部属于兰银官话，南部属于中原官话。

　　宁波市鄞州区西部山区和东部沿海地区的居民，因为地理环境和居住方式的不同，便形成了各自的山地乡村文化和滨海乡村文化。青岛市的金口镇，位于青岛市即墨区东濒丁字湾西端，与田横镇隔海相望，主要靠海为生，是典型的海商文化。这里保留了很多传统村落，每个村落又各具特色。如金口镇内北阡村北、南阡二里村西和孙家周疃村西已发现多处大汶口文化遗址，出土大量骨器、石器和陶器等文物，是东夷文化的发祥地。侯家滩村又以晒盐为生，侯氏家族侯家滩煮盐，极大促进了金口港商业的发展。

二、乡村特色文化资源的不可转移性

乡村特色文化的不可转移性是指乡村特色文化根植于特定的自然、地理、生态、社会环境中，无法复制和转移。云南哈尼梯田，是哈尼族祖祖辈辈千百年来，面对高山峡谷的生存空间，根据不同的地形，修堤筑埂，利用“山有多高，水有多高”的自然条件，把终年不断的山泉溪涧，通过水笕沟渠引进梯田，他们靠自己的智慧，在适应和改造自然环境中形成独特的生计方式及特色文化。2013年6月，中国云南红河哈尼梯田文化景观列入联合国教科文组织世界遗产名录。

加榜梯田位于贵州省苗族侗族自治州江县西部月亮山腹地的加榜乡东北面，距县城80公里。这里主要是苗族种植稻田，苗族种植的稻田都是根据当地的山势地貌而形成的，加榜独特的地形地貌决定了这里的梯田面积最大不过一亩，大多数田都是只能种一两行禾苗的“带子丘”和“青蛙一跳三块田”的碎田块，最小的面积仅有簸箕大。这里的梯田最长的可达二、三百米，最短的不足一米。长达几百米一丘梯田每一部分的大小形态却完全不同。加榜梯田不仅规模宏大，气势磅礴，而且线条优美。梯田中散落着苗乡特有的吊脚楼，炊烟袅袅，烟雾缭绕，给人一种人间仙境、世外桃源的感觉。

云南红河和贵州东南的地形和山势是不同的，文化也是不同的，主要表现在语言、历史文化、宗教信仰、建筑文化、服饰文化、饮食文化、婚姻习俗、乡规民约、社会组织、日常礼仪、文学艺术等方面。哈尼族属汉藏语系藏缅语族彝语支，新中国成立前，哈尼族是没有文字的，有些地方是刻木结绳记事的，所以他们的文学主要是口头文学，《哈尼阿培聪坡坡》就是其代表。瑶族，中国最古老的民族之一，民族语言分属汉藏语系苗瑶语族瑶语支，瑶

是古代东方"九黎"中的一支,是中国华南地区分布最广的少数民族,传说瑶族为盘瓠和帝喾之女三公主的后裔。巴引组织、油锅组织、瑶老制、石牌制等是瑶族典型的社会组织和乡规民约,是瑶族文化的典型代表,是瑶族乡村社会的特色文化。不同地方的乡村特色文化是大自然赋予当地的礼物,当地居民在适应自然和改造自然中形成的一系列文化,是具有地域性的。

三、乡村特色文化资源的传承性

文化的传承是指文化在时间维度上的一种纵向延续,是人类历史文明的一种发展轨迹。中国传统文化源远流长,博大精深,中国是一个历史没有中断的文明古国,这是基于中华民族自觉的传承意识和传承实践。

中国是一个以农业为主的国家,乡村是农业文明的阵地,传统的乡村文化是以农耕经济为基础,以传统的儒家伦理道德为核心的乡村文化体系,蕴含着特定思维方式、行为准则和思想价值观念。乡村居民世世代代以农耕为生,"日出而作,日入而息"的辛勤耕作方式,生态自然的乡村美食,乡土气息浓郁的民俗风情,多姿多彩的生活方式,见证了文化的传承性。每个人,从生到死的一系列生活轨迹都是文化的传承。诞生礼、成年礼、婚礼、葬礼等一系列人生礼仪,几乎每一个民族都传承着一套与妇女产子、婴儿的新生息息相关的民俗事项和礼仪规范。孩子在不同的成长阶段,会习得不同阶段的生存技能和社会文化。传统乡村社会,男孩子到一定年龄需要学会农耕事项,女孩子则从小就要学习针线茶饭,如枕头、鞋垫、鞋子、衣服的制作,剪纸和刺绣是传统乡村女性成长过程中的"必修课"。正是因为这种传承性,今天我们能看到千姿百态的手工艺品,不同地方、不同民族刺绣各具特色,除了苏绣、粤绣、湘绣和蜀绣这四大名绣外,还有京绣、鲁绣、杭绣、汉绣、汴绣、瓯绣、闽绣等地方名绣,我国的少数民族如维吾尔族、哈萨克族、回族、彝族、傣族、布依族、侗族、白族、壮族、瑶族、苗族、土家族、景颇族、蒙古族、藏族等也都有自己特色的民族刺绣。

当下,随着时代的发展,社会的变迁,乡村文化日渐式微,传统的特色文化资源也面临传承的中断，后继无人的局面。因此，国家大力提倡弘扬优秀传统文化，传承非物质文化遗产，振兴乡村，重拾乡村文化自信。

第三节　乡村特色文化资源建设原则

乡村是中国传统文化的阵地，不仅承载着农业生产和农民的生活，更是中华优秀传统文化的沃土，积淀着中华民族五千多年来最深沉的精神追求，是中华民族"根"与"魂"的守望者。乡村特色文化资源是乡村文化振兴的重要载体，也是实现贫困村落脱贫致富的重要依托。因此，在发展乡村经济，挖掘乡村特色文化资源，重塑乡村文化，应该要以社会主义核心价值观为指导原则，统筹规划、因地制宜，做好乡村的可持续发展。

一、以社会主义核心价值观为指导原则

随着时代的变迁，乡村也发生了很大的变化，传统的乡村文化逐渐衰落，敦厚、淳朴的乡风已经渐行渐远，取而代之的是黄赌毒的蔓延、天价彩礼、婚丧嫁娶大操大办，道德缺失、人情负债、攀比虚荣之风盛行。违背了乡村振兴战略提出的产业兴旺、生态宜居、乡风文明、治理有效、生活富裕的总要求。振兴乡村，乡风文明是保障，必须坚持物质文明和精神文明一起抓，提升农民精神风貌，培育文明乡风、良好家风、淳朴民风，不断提高乡村社会文明程度。全力祛除乡村中不良风气和陈规陋习，用社会主义核心价值观进行长期的、潜移默化的教育引导，将乡村文明渗透到农村生产、生活各个方面，内化于心、外践于行，直至变为村民的自觉行动。依托农村各类文化载体、文化阵地及现代智能电子产品等，积极培育和践行社会主义核心价值观。把社会主义核心价值观的要求体现到社会治理，融入村规民约，用社会主义核心价值观引领文明风尚。

二、因地制宜原则

乡村特色文化建设应该坚持因地制宜的原则。所谓因地制宜，就是要实事求是，根据各地区间、城镇间、村与村之间的具体发展情况进行乡村特色文化建设。因为不同地域的差异很大，就像哈尼族、瑶族等少数民族，根据当地的自然地理情况，开梯田，修水利，发展成了非常有代表性的梯田文化，他们的民居建筑很有特色，蘑菇屋或者干栏式建筑是非常适合当地的自然气候条件的。面对当前的乡村建设，一定要熟知当地的自然地理、历史文化、民风民俗、资源禀赋等特色资源，加强分类指导，因地制宜，因村施策。湖北巴东县野三关小镇，地处北纬30度，硒资源丰富，北宋时期起便有了酿酒的传统，所以野三关镇挖掘传统酿酒技艺，发展酿酒产业，形成传统白酒小镇，又结合当地的其他特色资源，建成以千年老街品酒坊和三峡白酒工业旅游基地为重点的白酒特色小镇；建成以野三关森林花海为代表的森林康养小镇；正在建设以四渡河旅游开发和独立硒矿带为依托的硒康养小镇，以集镇为中心的电动汽车示范小镇；规划建设以洪大荒滑雪场为依托的运动休闲小镇；规划打造石桥坪民俗风情村、葛藤山民宿旅游村、木龙垭自驾游营地村等特色村庄；规划依托野三关最具特色气候资源、教育资源，谋划打造"夏令营特色小镇"。[①]

成都市锦江区东南部的三圣乡，这个地方气候温暖湿润，适宜多类品种的花卉生长，因此，三圣乡被称为"中国花木之乡"。三圣乡充分挖掘梅、菊、荷等花文化内涵，将三圣乡各乡村资源开发与乡村旅游发展相结合，把文化因子和产业要素注入"五朵金花"，因地制宜，建设花卉文化景区，把乡域内红砂村、幸福村、江家堰村、谢马村与万福村按照种植特色划分为五大片区，分别建设成为各具特色的乡村农业文化旅游空间，五大乡村文化旅游主题分别为"花乡农居""幸福梅林""江家菜地""东窝菊园""荷塘月色"。[②]

① 徐敏.野三关特色小镇建设调查报告 [J].清江论坛，2018（3）.
② 宋颖鑫.成都三圣花乡文化品牌的构建与管理 [D].重庆大学，2010.

"小桥连曲径，台门通人家"，这是粉墙黛瓦的绍兴新未；"舍南舍北皆种桃，东风一吹数尺高"，这是桃花烂漫的桐庐阳山畈；"川原五十里，修竹半其间"，这是竹海空蒙的安吉高家堂……浙江大地上，一个个美丽乡村各具特色，令人流连忘返。得因于浙江因地制宜，量体裁衣的举措，浙江经验可以成为向全国推广的范例。

目前，在乡村的建设过程中有些地方非常的盲目，由于风貌引导缺乏和管理缺位等原因，乡村建设同质化严重，很多地方的新农村建设就是盖新房子，所以整个村落呈现出的是新房子、乱村子的局面，或者盲目地照搬外面的建筑和文化，脱离了当地乡村的实际情况。因此，在乡村振兴过程中，一定要挖掘地域特色，因地制宜地打造本地特色的乡村特色文化资源。

三、整体性原则

乡村是一个有机整体，它是由若干要素组成的统一体，在乡村建设的过程中，需要全盘考虑所在地的历史文化、自然生态、生产生活、民风民俗、村落布局、特色资源等。实施乡村振兴战略是我国决胜全面建成小康社会、全面建设社会主义现代化国家面临的重大任务，是新时代做好"三农"工作的总抓手、处理工农、城乡关系的总旗帜。要统筹推进实施乡村振兴战略的重大理论、政策和规划创新，着力增进乡村振兴的系统性、整体性、协同性。

中国乡村地区存在着大量的传统村落及村落群，随着国家对传统村落的保护和发展的重视，一些地方对传统村落进行了开发，但是在现代化的开发和建设过程中有些传统村落遭到了破坏。因此，在保护和开发传统村落的过程中，一定要具有整体性的视角，从村落到村落群，从微观到宏观的视角。例如，位于海南省澄迈县的火山岩传统村落，地处环太平洋火山带中，地质时期形成了大范围的火山岩，居住在这里的村民根据当地的自然地理情况，就地取材，用火山岩建房子、做家具、制工具、修路修桥等，至今这里保存了大量完好的火山岩特色建筑和生产生活工具，还有厚重的历史文化。如今走进这些古村落，火山岩房子、火山岩盆、火山岩桌椅等随处可见。正是由此，澄迈县火山岩古村落除了其本身价值之外，还具有非常大的火山岩民居建筑文化和生产生活文化的价值。近年来，当地政府将火山岩古村落群进行了整体的规划，坚持美丽乡村与传统文化保护相结合的原则，在保持原有历史风貌和生态环境的前提下，优化古村环境，改善村落基础设施条件，同时引进社会资本，合理利用当地古村落资源，适度开发农业种植和观光旅游项目。在美朗村姐妹双塔前种植九品莲花、在罗驿村发展高效农业，成功打造了福桥带、永美带、罗美带三个火山岩"美丽乡村"带，修缮完好的古村祠堂、美椰双塔等人文古迹都在这条美丽乡村带上，吸引了大量游客。[①]

目前，很多乡村社会文化建设明显存在碎片化和局限于中观操作层面的问题。不同的参与主体对乡村问题的认知和考量的重心是不一样的，所以在真正的乡村建设中，缺乏对村落整体风貌的关照，在实际操作中，缺乏统筹与协调，出现了杂乱、无序化的局面，对当地的自然和人文环境造成了不可挽回的损失和破坏。

四、原真性原则

原真性是我们在乡村建设中必须坚持的原则，建设生态宜居的美丽乡村，首先要尽可能地保持其原有的风貌，而不是大拆大建，改变原有村落的基本形态。乡村是人们心灵的休憩地，是一种享受的慢生活，与现代化的快节奏生活截然相反，是让人望得见山、看得见水、记得住乡愁。

乡村在现代化的建设中，必然会发生一定的改变，但是，我们始终需要知道什么能变，什么不能变。我们能变的是人民对现代化的美好生活所需，与时俱进，完善乡村的基础设施、提高村民的生活舒适度、让乡村的人居环境整洁干净、美丽大方。就像"厕所革命"、垃圾分类、通水通电、房屋修缮、环境治理等，改变了乡村居民的卫生习惯，提高了村民的生活水平，改善了

---

① 娄瑞雪. 海南古村落文化保护模式研究——以海南省澄迈县火山岩古村落群保护为例 [J].
中国民族博览，2017（03）.

乡村的人居环境；不能变的是守护乡村的完整性、真实性和延续性的"初心"。保持乡村的"原真性"，就是保持乡村的特色和韵味，保护好乡土文化和乡村各类文化遗产，守望地方历史文化根脉。包括我们能看见的物态的乡村自然景观、村落布局和肌理、乡村民居建筑、日常生活物品、农耕工具等，还包括乡风民俗、传统习俗、传统技艺、生产生活方式等，它们是乡村魅力之所在。

海南作为旅游发展比较好的省份，而且有很多独特的文化资源。近年来，海南很多地方借着旅游的顺风车打造将"吃、住、行、游、购、娱"融为一体的旅游模式，吸引了大量的海内外游客。海南乡村地区的很多特色村寨借着旅游发展起来，但是为了短暂地迎合市场，有些地方特色村落发展背离了原有的文化，有些改造破坏了原有的村落面貌，摧毁了村落的独特性。一些少数民族的特色节日和庆祝活动，也脱离了原有的民族文化内涵。

还有一些地区在乡村建设中，背离了原有乡村的真实性，一味地追求乡村的整齐，破坏了原有的乡村肌理。传统的村落肌理、道路等都是根据自然形态自然形成的，现在的很多美丽乡村都是非常整齐划一的，过度的标准化和整齐化的追求使原有村落的气质、秉性、样貌和特色格式化，加剧了村落本真性、多样性、丰富性、特色性的消失。因此，我们在乡村特色文化资源的开发中，为保持乡愁，应最大限度地减少对文化遗产资源的人为加工，避免过度修复和重筑，维持乡村原有的选址、格局、风貌以及人文景观等整体空间形态与环境。全面保护文物古迹、历史建筑、传统民居等传统建筑，尊重乡村居民的生活形态和生活习惯，同时协调各方关系，从源头缓和乡村文化遗产资源的保护与开发之间的矛盾。[1]

五、以人为本原则

乡村建设中坚持以人为本的原则，就是要坚持村民的主体地位。人民群众是历史的真正创造者，是人类社会发展进步的根本动力。村民是乡村历史

---

[1] 王东辉，朱安琪 . 山东"乡村记忆工程"文化生态保护设计原则研究 . 大众文艺，2019（12）.

文化和乡村传承发展的创造者和守护者。中国9亿农民祖祖辈辈生活在乡村，在长期的生产生活中，形成了稳定的政治、经济、社会、文化关系。乡村各项事务的开展离不开村民的支持与参与。因此，在乡村建设和发展中，坚持村民的主体性地位，增加村民对乡村文化的认同。乡村居民在追求现代化的过程中，将城市看作是先进文化的代表，相反，乡村很多传统的文化就成了落后的象征。比如，人们喜欢机械化的耕作方式，而传统的耕作方式、农耕工具及伴随农耕的文化事项已经在很多地方消失；同时消失的还有很多民间手工艺品如剪纸、刺绣、雕塑等；带给人们娱乐的民间音乐、戏曲、民间文化等也出现了后继无人，面临消亡的局面。

坚持以人为本，就是要重视人才的作用。乡村的建设，离不开各类人才的支持。应该加大对各类人才的培养力度，不管是种地的好手还是养牛的专家，都离不开文化知识。让农民有更多的学习和培训机会，让先进的知识、先进的理念能够进入乡村，开阔他们的眼界，充实他们的头脑，让他们成为新型的农民，成为新一代乡村文化的建设者和传播者。

完善人才发展的机制，让从乡村走出去的优秀大学生回归到乡村，用他们的专业知识建设和服务乡村。积极吸引社会各界力量的参与，如推动乡村建设的艺术家们，研究乡村传统文化的学者们，以及有着人文关怀的企业家们，他们都是乡村建设中不可缺少的力量。

六、可持续发展原则

发展乡村特色文化，必须坚持可持续发展原则，可持续发展原则就是一种长期有效的发展模式，功在当代、利在千秋，既满足当下人们的需求，又不损害子孙后代的利益。

在乡村文化建设中，坚持可持续发展原则，就是要遵循自然规律，尊重人与自然和谐的科学发展规律，尊重当地的自然环境和生态可承受能力。

每个地区、每个民族都有一套长期与当地自然和谐相处的生态文化，正是因为这种智慧，才使祖祖辈辈能在当地生活下去。蒙古族传统的生态文化就是人与自然和谐相处的典范，对今天我们的社会发展仍然具有借鉴意义。由于蒙古族从事狩猎、游牧的生产生活方式，因此，它对草原的生态环境有一种深沉久远的关怀，体现在蒙古族的宗教信仰、法律制度、民风民俗、伦理道德、文化艺术中。他们非常珍惜自己生存的草原，认为土地是万物得以生存的基础。出于对土地的敬畏，蒙古人忌讳把污物倒在地上，禁止污水倒进河里，在搬迁时会把垃圾清理干净，把自己家的地面打扫干净，将搭建蒙古包时掘开的草皮复原，转场轮牧等都是一种人与自然和谐共处的方式。

西南是我国少数民族聚居的重要区域，分布有藏族、羌族、彝族、傣族、苗族、侗族、布依族、哈尼族、壮族、土家族等几十个少数民族，民族文化类型丰富多样。保护生态环境意识，渗透于西南各民族的言谈举止、衣食住行、婚育丧葬和岁时节令等日常生活的各个领域。如苗族中老年人买苗为子孙造林，未婚青年男女则互换树苗作为恋爱信物。许多侗寨都有营造"儿孙林"的习俗，称为"十八杉"或"女儿杉"。每年正月初一到十五，所有藏族人要种树。[①]这些都是乡村地区的各民族在长期生活的地方与自然的相互作用中形成的一套生态文化可持续发展理念，就是当地的特色文化资源。

乡村文化资源可持续利用，单打独斗的竞争力是有限的。需要整合其他资源或者与周边的乡村整合起来，构建合作竞争机制，提升区域竞争能力，避免同质化和恶性竞争，实现良性的可持续发展。乡村是一个复杂多元的综合体，实现乡村特色文化资源的可持续发展，离不开方方面面的支持。健全长远的发展机制、人才的培养和引进机制，文化内涵的挖掘，村落的整体规划及与周边资源的整合等，都需要在一个良性的、可持续性的轨道中运行，且环环相扣。

---

① 杨军昌. 西南山地民族人口生态文化及其价值 [J]. 贵州大学学报，2011（6）.

第四节 乡村特色文化资源建设意义

一、建设乡村特色文化资源的历史意义

在五千年的农业生产生活实践中，中华民族以勤劳、勇敢、智慧创造出历史悠久、灿烂的乡村文化。在五千年的乡村文化里有"天人合一"的自然主义情结，祈福避祸的民间信仰，乌鸦反哺、羔羊跪乳的道德观，守望相助、疾病相扶的良善交往原则，平和淡然的生活态度。基于人与自然、人与人及人与社会之间关系所形成的乡村文化，包含的价值认知、价值追求与价值评判构成了乡村文化的价值观。乡村文化所体现的价值理念、思想观点、伦理道德、处世哲学等正反映了儒家文化所倡导的讲仁爱、重民本、守诚信、崇正义、尚和合、求大同的人文精神和价值追求，乡村文化所蕴含的价值理念构成了中华民族的核心价值观。正如梁漱溟所说："中国文化以乡村为本，以乡村为重，所以中国文化的根就是乡村。"乡村不仅孕育出农民的精神家园，也塑造了中华民族的精神世界和心灵归宿。

乡村文化历经时代变迁、时空转换，其文化精髓始终植根于广袤的乡土之中。乡村文化不仅是农村居民的精神之源，也为中华民族留下了丰富的文化遗产，既包括农业生产遗迹、古宅民居、木雕、石刻、剪纸等物质文化遗产，也包括节庆、民俗、礼仪、曲艺等非物质文化遗产。目前，中国共有15个农业项目入选全球重要农业文化遗产名录，在数量和覆盖类型上均居世界首位。

乡村文化独特的形成条件造就了乡村文化在表达形式和具体内容上的差异性、多样性。人们用智慧在不同地域、不同历史时期创造出了多种多样的乡村文化样式，其中包括春节庙会、端午龙舟、重阳登高、中秋赏月等民俗活动；舞龙、舞狮、秧歌、民歌等民间文艺活动；年画、竹编、刺绣等民间手工艺品等。乡村文化不仅满足和丰富了农村居民的日常生活，也构建起凝

聚人心的精神力量，形成了抹不去、忘不掉的文化记忆，成为农耕文明的重要组成部分。

入选全球重要农业文化遗产名录中的中国农业项目，是中华文化中最重要的乡村文化组成部分，这些充满生存智慧和生命哲理的文化遗产至今都熠熠生辉，它们构成了丰富多彩的中华文明，源源不断地为中华文明提供精神营养，使中华文明以独有的方式屹立于世界民族之林。

二、建设乡村特色文化的现实意义

生态文化是乡村振兴的价值导向。建设生态文明是中华民族永续发展的千年大计。必须树立和践行绿水青山就是金山银山的理念，坚持节约资源和保护环境的基本国策，像对待生命一样对待生态环境。如何搞好生态建设，需要以生态文化作为价值引领。生态文化蕴含着历代农民所共同尊重、顺应和敬畏自然的生产习惯、生产经验与生产禁忌等，是古人留下的宝贵文化遗产。工业化时代，自然资源枯竭，环境污染，生态恶化，生态问题引起人们广泛关注与思考，从生态文化中找到解决生态问题的钥匙，以生态文化解决生态危机已成为人类的共识。生态文化不仅是乡村文化的重要组成部分，也是乡村振兴中生态建设的文化基石。要通过深入挖掘生态文化资源，唤醒人们的生态意识，倡导低碳绿色的生产生活方式，践行人与自然之间和谐共生共存的生态理念，让拥有深厚群众基础的生态文化在乡村振兴中发挥价值导向作用。

礼俗文化是凝心聚力的重要力量。费孝通先生认为，中国社会是乡土社会，通过"差序格局"构建起乡村社会的礼俗文化和礼俗秩序。礼俗通过内在的力量得到推行，以非制度性、非强制性的方式促使人们对自我思想和行为进行选择、调整与规范，进而形成具有共同认知与约束力的乡规民约、风俗习惯、精神信仰、宗族文化等。礼俗文化所包含的伦理道德、价值追求、处世态度、行为规范等不仅是乡村文化价值理念的体现，更是五千年来乡村社会得以良性运转与和谐发展的文化基础。可以说，礼俗文化具有调节、约束、整合和规范人们思想和行为，维护乡村社会秩序，引领乡村社会风气和鼓舞人心的重要作用。在乡村振兴实践中，通过对礼俗文化的解读与运用，促使礼俗文化中所蕴含的诚实守信、邻里和睦、尊老爱幼、崇德向善等道德思想在新时代得以继承与发扬。通过发挥礼俗文化的教化功能，培育文明乡风、良好家风、淳朴民风。通过礼俗文化激发每一位村民内在的活力，将广大村民凝聚在一起，自觉地为乡村振兴贡献自己的力量，形成建设乡村的强大合力。

乡村文化产业是乡村经济振兴的推动力。乡村经济振兴是乡村振兴的重要内容，而乡村经济振兴必须依靠乡村产业发展。通过乡村文化产业化发展推动乡村经济发展，将成为乡村经济振兴的重要途径。我国乡村文化历史悠久、内容丰富，不仅具有文化价值也具有巨大的经济价值。乡村社会可以利用自身独有的文化优势，将文化资源转化成经济效益，在实现乡村经济发展的同时，扩大乡村文化的影响力。展望未来，乡村文化产业发展空间巨大，经济效益明显。"乡村文化＋经济"的产业化发展模式，在为乡村振兴提供强有力文化支撑的同时，一定会推动乡村振兴战略的实施，扩展乡村振兴实现的路径，成为乡村文化振兴的动力和智慧之源。

三、建设乡村特色文化的未来意义

改革开放以来，乡村发生了历史性变革。据此，一部分人认为乡村文化已失去了存在的根基与价值，最终结果会被城市文化所替代。乡村文化是否已失去了存在的根基与价值，这是许多人都在怀疑的问题，是否会被城市文化所替代，是令人担忧的问题。现代化是乡村社会发展的目标，但实现现代化并不意味着乡村社会和乡村生活的终结。只要乡村社会存在，乡村文化就不会消失，作为中华文化根脉的乡村文化不会轻易地被城市文化所替代。即使乡村社会变迁，乡村文化也会以新的姿态、表现形式应对城市文化的冲击，适应新的环境。乡村振兴战略提出产业兴旺、生态宜居、乡风文明、治理有效、生活富裕的发展目标，这些目标无不与乡村文化有关，可见，乡村文化是实现乡村振兴的价值指引。

乡村文化作为人类文明中的一种文化样态，不仅给农耕文明时代的人们带来了精神滋养，也给工业文明时代的人们以智慧启迪和哲学思考。在盲目抛弃传统，一味追逐时尚的今天，乡村文化的价值是否发挥到了极致，需要在实践探索中给出答案。但乡村文化作为中华文化的重要组成部分，它所具有的文化价值、教育价值和经济价值等必然在未来的乡村社会发展中得到释放和彰显，其独有的文化内涵、文化特质和文化魅力必然在乡村振兴战略实施中得以体现和证明。

乡村文化重塑并不意味着回归复古或重新构建乡村文化的价值体系和行为体系，而是在保持自身传统和特质的基础上，取其精华、弃其糟粕，将现代性因素融入到乡村文化之中，找到新的生长点，实现其从传统到现代化的转型。以重塑的方式留住农耕文明，留住与农业生产生活相关的文化记忆和文化情感，成为乡村振兴的强大支撑力。

（一）重塑农民文化价值观，培育农民文化意识

通过文化意识的培养与养成，使农民充分认识到自身文化的价值，重拾文化自信，在乡村振兴的实践中形成共同的文化认知，推动乡村文化的蜕变、成长与发展。在大力宣传和推进社会主义核心价值观深入乡村、深入农民头脑的过程中，也使农民重新认识和审视乡村文化，理解乡村文化价值观的时代性和重要性，增强农民对乡村文化的认同感与归属感。

将文化自觉作为培育农民文化意识的前提，文化自觉是指"生活在一定文化中仍对其文化有'自知之明'，明白它的来历，形成过程，所具有的特色和它的发展趋向"。农民作为乡村文化建设的主体，理应主动去了解、明确自身文化形成的社会基础、特点及未来走向。在对自身文化认知、评判和反思的过程中，辩证地看待不同的文化，清楚地知晓建立在农耕文明基础上的乡村文化所具有的优点及缺点。通过文化自觉使农民体会到乡村文化历史的厚重感，情感的温度感，人文的情怀感，唤醒记忆深处的文化情感，为乡村文化找到通往未来的发展道路。唤起文化认同是文化价值观重塑的出发点。以文化价值观的

重塑创造良好的乡村文化生态，在价值认同的前提下，让更多的农民参与到乡村文化的重塑之中，使其成为乡村文化重塑实践的参与者与推动者。

以社会主义核心价值观推动乡村文化价值观的重塑。社会主义核心价值观作为当下我国社会发展的主流价值观，引领着乡村文化的发展，其价值理念与乡村文化所蕴含的价值理念相同。如礼俗文化中涉及的仁、义、礼、智、信等与社会主义核心价值观所表达的价值理念相似，家庭观、道德观、人际观等与社会主义核心价值观也有相似之处。乡村文化既有与社会主义核心价值观国家层面的文明、和谐相贯通的因素，也有与社会层面的公正、法治相融合的要义，更有与个人层面的爱国、敬业、诚信、友善相一致的精髓。由此可见，乡村文化所承载和传递的价值观并没有因工业文明而失去自身的价值，其核心价值跨越了时代的藩篱，在快速变革的现代化发展中仍有很强的现实意义。

通过实践活动重塑农民的价值观。一种价值观要真正发挥作用，必须融入社会生活，让人们在实践中感知它、领悟它。要注意把我们所提倡的与人们日常生活紧密联系起来，在落细、落小、落实上下功夫。为此，基层政府应开展以农民需求为出发点的乡村文化活动，让农民在参与文化活动中去感知、了解乡村文化所传递出的价值。例如，举行"和谐家庭""好家风、好家训"的评比，宣传乡村文化中的孝道观、家庭观和婚姻观；开展科学养殖和种植生产竞赛，让农民体会"天人合一"的生态观；组织民间曲艺、手工艺品的培训，让农民感受到乡村文化中包含的审美取向、艺术价值；通过参与婚丧嫁娶、互助合作组织等，让农民重温熟人社会的情感，唤醒记忆中的温暖乡村。以日常化、直观化的文化体验让乡村文化之美、之韵、之情深入每一位农民的内心，在实践活动中提升对乡村文化的认知与理解。

（二）促进乡村文化发展，延续乡村文化血脉

推动乡村文化振兴，需要对乡村传统文化进行保护、传承与发展，使其与现代文化有机融合，以更好地延续乡村文化血脉。应加大对乡村优秀传统文化挖掘、整理和保护力度，充分发挥其在凝聚人心、教化群众、淳化民风

中的重要作用。就物质文化层面而言，应加强对传统村落基本格局的保护，加强对乡村文物古迹、传统建筑以及民间文化活动场所等的保护。就非物质文化层面而言，加强对乡村非物质文化遗产的保护、传承与发展，如乡村优秀传统曲艺、民间工艺美术、传统节庆活动、传统体育活动等。借助现代科技手段、现代文化创意设计表现乡村传统文化，鼓励乡村传统文化与乡村旅游深度融合，不断激发乡村文化的活力。

（三）加快乡村经济发展，彰显乡村文化生命力

在发展乡村经济时要从实际出发，制订符合当地实际的发展规划，充分发挥地域优势，科学地推进产业布局，发展适应当地条件的生产项目，推动乡村企业发展。有针对性地对农民进行劳动技能培训，提高其生产技能和水平。扩大乡村文化的公共空间，为农民参与公共文化活动创造条件。组织开展与日常生产生活相关联的、农民喜闻乐见的、愿意参与的公共文化活动，扩大群众基础和现代乡村文化公共空间。走乡村文化产业化发展道路。确保在取得经济效益的同时，又望得见山、看得见水，记得住乡愁。以乡村文化产业化方式，增加农民的经济收入，增强其文化自豪感和自信心，彰显乡村文化的生命力。

深入挖掘乡村文化资源。高度重视乡村文化资源的普查和调研工作，通过深入乡村，及时了解散落在民间的传统村落、古祠堂、曲艺、手工艺以及农业生产技艺等具体情况，分门别类地梳理文化资源，制订科学性、系统性、差异化的规划和保护措施。在挖掘和保护地方性文化资源的过程中，让农民参与其中，促使农民去了解、理解和认同那些曾经给予他们心灵寄托、生活意义的文化，用自己的力量保护历史文化遗产。

（四）培育乡村文化建设者的主体意识

教育是培育主体意识的直接方式。利用现代化的教育手段，采取多样化的教育方式，提高农民的文化水平，增强其文化意识和主体意识。由于人口流动带来了乡村文化建设主体的变化，所以，要根据不同群体采取不同的教育路径。针对留守妇女，应利用农闲时间、开办文化补习班，开展适合其参

与的公共文化活动，使其在参与中提高文化水平，提升文化自觉意识。针对留守儿童，一方面要加强家庭教育，让其在日常生活中接触和感受乡村文化，在潜移默化中增强其对乡村文化的情感与认知，另一方面通过学校教育，培养留守儿童的乡村文化认同感。在课堂教学中应加大乡村文化教学内容，开设乡村文化课程，开办民间技艺兴趣小组等，重点突出乡村文化特色，避免教学内容与城市教育的趋同性。同时，将课堂上的乡村教育扩展到实践教育之中，让广大儿童走出课堂，走进田野，亲身实地去感受乡村文化。

宣传是培养主体意识的有效方式。立足乡村，建立以村为基础、以农民为主力的文化宣传队，以宣传栏、文化墙、广播等为载体的宣传方式，开展多种多样的文化宣传活动，让乡村文化活起来。借助网络、电脑、手机等现代工具，建立以 QQ 群、微信公众号、乡村文化网站等为平台的宣传新方式，以网上的交流与互动，带动农民文化主体意识的形成。通过宣传内容的生活化、通俗化和具象化，形式的多样化、现代化，使农民产生心灵上的共鸣，情感上的共振。以此，培养农民了解、热爱、学习乡村文化的情感和意愿，达到以文化人、以文塑人的目的，最终使农民积极主动地参与到乡村文化振兴的实践中。

保障是培养主体意识的重要手段。要通过财政资金的投入，保障乡村基层公共文化设施的改善，为农民参与乡村文化重塑创造条件。乡村文化重塑的关键在人，核心在人才。要努力建设一支热爱乡村、理解乡村、扎根乡村、服务村民，有强烈使命感和责任感的文化建设队伍，为乡村文化的重塑提供智力支持。要利用返乡精英、大学生村官、文化能人等群体的智慧和力量，为乡村文化重塑献计献策，发挥其教化乡民、反哺桑梓、温暖故土，凝聚人心、促进和谐、价值引领、传递正能量的作用，以人才保障推动农民主体意识的形成。基层党组织是乡村振兴实施，乡村文化重塑得以科学、高效、有序推进的有力保障。通过基层党组织可以有效地贯彻国家的乡村文化政策，有效地将农民发动起来，组织起来，推动公共文化活动的开展，促使农民在文化的参与过程中对乡村文化形成新的认识。根据乡村的实际情况，制定维护农民文化权益的法律法规，使农民文化权益保障做到有法可依，通过向农民普及法律知识，帮助其维护自身的合法权益。

（五）建立"四位一体"的乡村文化治理模式

通过现代乡村文化治理模式的建立，实现文化资源的有效配置，农民的广泛参与，以最大限度地满足农民的文化需求，促进乡村文化的良性发展。为此，结合乡村文化现状，乡村振兴的现实需要，建立起以政府为主导、农民为主体、市场为载体、文化组织为纽带的"四位一体"的现代文化治理模式。

强化政府的主导作用。政府在领导乡村文化重塑中既不能缺位、错位，也不能越位，应明确自身在乡村文化重塑中的角色。根据乡村振兴战略实施的具体要求，政府应加强对乡村文化的领导，做好乡村文化重塑的顶层设计工作，深刻把握乡村文化的发展规律，树立"为农、惠农、利农"的文化建设理念。制定相应的文化政策、法律、法规，做好公共文化活动的组织与宣传工作，整合文化资源，切实维护好、实现好农民的文化权益，以制度保障文化建设经费的有效落实。通过走访、调研，了解农民内心的想法和愿望，实现公共文化产品和资源供给与农民文化需求相平衡，加强村一级文化设施的管理与监督，提高乡村文化基础设施使用和公共文化服务效率，推动乡村公共文化发展。政府应协调城乡文化关系，构建城乡文化交流互动机制，创新送文化下乡方式，以城市文化的现代性因素引领乡村文化发展，推动城乡文化融合。在乡村社会变迁、价值多元、开放的环境下，政府通过对乡村文化的科学治理，通过对基层文化的领导、管理与监督，给予乡村文化足够的关注、产品供给和价值引领，为乡村文化在乡村社会变迁中适应变化的社会环境和人文环境创造条件，实现乡村文化的社会转型、重塑和发展。

重塑农民的主体性。农民是乡村振兴的主体，也是乡村文化重塑的主体。为此，必须提高农民自身对乡村文化的认知能力，深刻理解把握乡村文化的内涵、特质与价值。改变过去"等、要、靠"的错误观念，明确自己在乡村文化重塑中的主体身份和作用，实现由旁观者到建设者，由局外人到局内人的角色转变。充分发挥农民作为乡村文化创造者和创新者的主体作用，用自己的声音、语言、方式讲好乡村故事，传播乡村声音，传递乡村情感，使自己成为乡村文化的传承者、建设者和传播者。

培育乡村文化自治组织。发挥农民文化自治组织的力量，开展符合民意、表现民情、满足民需的公共文化活动和民俗活动，扩大乡村公共文化空间，以公共文化活动带动农民参与文化建设的热情。通过参与公共文化活动，提高农民建设乡村文化的主动性。

第二章　宁夏非物质文化

非物质文化遗产是传统农耕文化的重要组成部分，是各族人民世世代代在生产生活中形成的与生活密切相关的传统文化表现形式，宁夏自古作为多元文化交流交融地，各民族在这片土地上生产生活，创造了大量的具有地域特色的非物质文化遗产。如：民俗文化、表演艺术、人生礼仪、岁时活动、节日庆典、民间体育和竞技及传统知识与技能。千姿百态的非物质文化在乡村文化振兴中具有多重作用和价值，其独特的文化内涵可以为振奋乡村精神提供强大动力，让乡村文化在现代文明体系中找到自己的位置，得以复兴和重建；其丰富的文化资源价值可以为发展乡村经济提供不竭经济资源，让农村经济在现代文化产业发展中得以转型发展，这是促进乡村振兴的重要途径。[①]

第一节　民俗文化

民俗文化，又称为传统文化，是指民间民众的风俗生活文化的统称，也泛指一个国家、民族、地区中集居的民众所创造、共享、传承的风俗习惯。宁夏民俗文化是在宁夏这片地理空间内，以中国优秀传统文化、宁夏地域文化为给

---

① 黄永林. 乡村文化振兴和非物质文化遗产的保护利用——基于乡村发展相关数据的分析
[J]. 文化遗产，2019（3）.

养，在生态和人文环境中经过时间的磨砺不断适应、变迁、发展而成的。

一、礼仪

人生礼仪又称生命礼仪，贯穿于人的生命历程当中，在不同年龄阶段通过举行特定的仪式来表达具有本民族文化内涵的习俗，是人生习俗的重要内容。传统的人生礼仪主要有诞生礼、冠笄礼、婚嫁礼、丧葬祭礼等，不同的民族会因自身发展轨迹的不同形成不同的人生礼仪内容。

每个人的生命都是由几个重要时刻串联起来的阶段性过渡的过程，如出生、结婚、死亡都是我们生命中的重要时刻，而人生礼俗则是整个人生历程的实质见证和标志，象征和预示着我们生命中的特殊事件和生命印记。不同的礼俗活动通常标记着人生的不同阶段和生命的特殊时刻。

（一）出生礼

出生礼在我国许多地方都自古有之，并不局限在某一特定的民族，是中国传统的民俗之一，宁夏当地各民族非常重视孩子的出生，为新生儿的到来举办各种仪式活动。如报喜、洗礼、满月礼、百日礼、抓周等。

（二）婚嫁礼

婚礼是人一生非常重要的里程碑，虽然不同民族都有自己的风俗习惯和仪式细节，但是对婚礼的态度和重视度都是一样的。

宁夏多民族聚居，在长期生产生活中，形成了颇具宁夏特色的婚礼习俗，尽管不同民族婚俗各不相同，但是其核心程序大体相同，都离不开中国传统的"三书六礼"。"三书六礼"源于中国古代典籍《礼记》，三书即聘书、礼书和迎书，"六礼"即纳彩、问名、纳吉、纳征、请期、亲迎。

宁夏各地各民族婚俗大同小异。随着社会的发展，集体婚礼、旅游结婚等新的形式正在普及。以前传统的婚礼习俗日渐式微，城市青年的婚礼多由婚庆公司主办，化妆、婚纱、摄影、仪式等一应俱全，完全融入了现代新型婚礼的元素，现代性取代了传统性。农村的婚礼也逐渐在追求所谓的现代化，逐渐向城市婚礼靠拢，不过一些偏远的地方还保持一些传统婚礼的习俗和流程。

（三）丧葬礼

葬礼又称丧礼，是人去世后由亲属、邻里等哀悼、纪念、评价的礼仪，同时也是处理死者殓殡祭奠的礼仪。宁夏各地各民族在葬礼习俗方面是有很大差别的。

二、节日

节日是人类群体为适应生产生活的需要而共同创造的一种民俗文化，是人类民俗文化的重要组成部分。宁夏的节日主要包括传统节日，如春节、端午节、中秋节等，还有少数民族节日如回族的开斋节、古尔邦节等。随着时代的发展，节日已成为全民共享祝福的日子，不管是传统的节日，还是少数民族的节日，人们都会相互祝福和庆祝。

（一）传统节日

春节　即农历新年，传统名称为大年、春节，也俗称过年，是中国人心目中最隆重、最重要的传统佳节。一般从腊月二十三的祭灶到正月十五，也有的从腊月初八开始，一直过到正月月底，其中以除夕和大年初一为高潮。春节时间延续长、地域跨度广，节日活动丰富，也是历史最悠久、最热闹的传统节日。

一年一度的春节来临，宁夏当地各族群众会提早购置年货，无论是城市街区还是乡村集市都是一片张灯结彩、熙熙攘攘的景象。很多人家都会开始一年中规模最大的"扫尘"活动，除去一年的灰尘，迎接新的一年。家中的老人会为春节准备丰富的食材，盼望着出门在外的子女回家团圆。而出门在外的人，早已把春节当成了回家与家人团聚的不可错过的时机。大年三十晚上，一桌可口的年夜饭象征着每个家庭的团圆和幸福。

端午节　即每年的农历五月初五，又称重午节、端阳节等，是我国的传统节日之一。端午节是中国民间传承中的重要节日，历史十分悠久。中国境内许多少数民族都传承这一节日，宁夏各族也不例外。端午节人们会包粽子、吃粽子、戴香包。

中秋节　中秋节是我国重要的传统佳节之一，为每年农历八月十五。因为中秋节是象征团圆，又称为团圆节。每到中秋节，宁夏各族群众都吃月饼、走亲戚，庆祝中秋节。在一些乡村，也有自己用面粉、红枣、香料通过蒸、烤等方法制作"土月饼"的习惯。随着人们生活水平的提高，这种淳朴的节日习俗已渐渐被商品经济充斥，现如今越来越多的人图省事更愿意到乡村集市或超市购买成品月饼来过节。

（二）民族节日

除了传统节日，回族还有其民族特有的节日。回族的节日主要有开斋节、古尔邦节等。

三、饮食文化

饮食，不仅是一种生物本能，更是一种象征行为。在不同的社会文化背景中，被赋予了多种多样的意义。吃什么、怎么吃，很可能是社会权力关系的隐喻。张光直先生曾说，到达一个文化的核心的最佳途径之一，就是通过它的肚子。作为体现宁夏民俗文化的重要领域——传统小吃，那些被筷子放入我们口中的吃食，并不是那样简单，它包含厚重的文化韵味。

宁夏人民主食是大米与小麦并重，也吃其他杂粮。在肴馔风味上，肉食多以猪、牛、羊、鸡为大宗，间有山珍野菌、淡水鱼及蔬菜。烹饪技法多以烤、煮、烧、烩为主，嗜酸辣，重鲜咸，喜爱酥烂香浓。配菜时突出主料，"吃肉要见肉，吃鱼要见鱼"，强调生熟分开、冷热分开、甜咸分开，尽量互不干扰。在菜型上，不喜欢过分雕琢，追求自然的真趣。注重饮食卫生，厨房和餐具的洁净。宁夏人民喜好饮茶，盖碗茶是回族日常生活和招待客人的必备佳饮。南部山区的群众还喜好罐罐茶，一炉一罐一老者，茶香飘溢，别有一番生活情趣。

（一）特色美食

1.肉类

手抓羊肉　手抓羊肉是宁夏的特色饮食之一，深受各族人民的喜爱，宁夏盐池的滩羊肉更是美誉全国。不加盐是炖煮羊肉的关键，盐作为强电解质，会破坏羊肉的细胞膜，使肉质中的水分渗出从而失去弹性，口感变老。近两个小时的文火炖煮，肌肉纤维软化，饱含水分，羊肉不腻不膻，丰盈鲜美。装盘之前，盐才会登场，既增加口味又不影响熟肉口感，双倍提鲜，还可用蒜末、醋、辣子油和香菜做辅料。

红烧肉　是汉族传统的美食，做法不同地方各异。其以五花肉为制作主料，最好选用肥瘦相间的三层肉来做，锅具以砂锅为主，做出来的肉肥瘦相间，香甜松软，营养丰富，入口即化。

羊杂碎　选取羊心、羊肺、羊肚、羊肠等作为羊杂主料，加淀粉和粗盐切碎，再用清水反复冲洗干净。之后将羊杂放入锅中，加水适量后放入花椒、葱丝、姜片、蒜瓣，煮熟即食。还可投入香菜末、蒜末、醋等调味。当天气逐渐转凉，秋冬吃一碗酸酸辣辣的羊杂碎，不仅可以暖身，还能起到补血养气的功效，非常适合肢寒畏冷和贫血的人食用。

黄河鲶鱼　将黄河鲶鱼洗净用清水冲净黏液然后切成大段，用盐、胡椒粉、料酒腌渍入味；将蒜切片、姜切片、红绿彩椒切菱形块、香葱切末、干辣椒煎成小段；锅加热放入油，待油温升高放入鲶鱼块煎至金黄捞出；锅内热油放入辣椒、姜、蒜、花椒、大料煸炒出香味；这时放入辣酱，快速煸炒出香味和红油之后放入煎好的黄河鲶鱼；加入足量的水，大概以将没过鱼身为准，开大火至水沸腾，烹入料酒、醋，加白糖、酱油调味转小火炖20分钟；之后放入红绿彩椒块待大火收汁撒上香葱末烹入少许醋即可出锅。

爆炒羊羔肉　爆炒羊羔肉在宁夏各地均有制作，尤以黄渠桥地区制作独具特色，知名度较高。在这个小镇上布满了大大小小的主营爆炒羊羔肉的餐馆，声名远扬的黄渠桥爆炒羊羔肉已飘香了近百年。据《平罗食品志》记载，在民国时期，黄渠桥金保国的忠兴饭馆、周干臣的益顺居饭馆都有羊羔肉出售。正宗的黄渠桥羊羔肉做法独特，在选材、用料方面十分讲究。在羊羔选择上，平罗名厨王建国师傅指明：一般选择7.5公斤至10公斤重的羊羔。羊羔太小，肉嫩无味；羊羔太大，肉老不嫩。烹制黄渠桥羊羔肉，主要是在"爆"

的基础上，兼用"焖"和"烩"的手法。大火爆炒，让香味进入肉中，使菜肴鲜嫩可口，香味四溢，具有地方特色和民族风味。

羊肉泡馍 泡馍大体有两种：一种是用牛羊肉汤泡，一种是用牛羊的头、蹄汤来泡，又叫杂羔泡馍。肉泡比较简单，以煮牛羊肉的肉汤，加葱、姜、蒜、辣椒、辣椒油、盐、香菜和味精，红绿白三色相间，热气腾腾，香气四溢，再以汤浇灌锅盔饼即成。杂羔泡馍则比较复杂。将牛羊宰杀后，扒出心、肝、肺、肚子及头、蹄、架子骨等"杂羔"，经过反复加工炮制，切成杂碎丝条，将当地特色小吃锅盔饼掰成核桃大小的块状，盛放在碗底，在馍的上面抓放一定数量的杂碎丝条，再以汤浇灌。泡馍又被称为"十全大补"。在宁夏的街头巷尾，泡馍小摊、饭馆比比皆是，在农贸市场更是集中。香味四溢的泡馍锅炉子周边围着一帮食客，一块块白里透黄的锅盔泡在碗里，摊主反复浇灌，一碗碗美味十足的泡馍汤鲜肉嫩，诱人食欲。

清炖土鸡 宁夏以中宁县的清炖土鸡最为出名，是一道地道的地方菜。首先要选当地的土鸡，这样炖出的鸡肉才能肉质细腻酥嫩。其做法是：先将土鸡宰杀后洗净，放在汤锅中煮熟，然后放入虾腐（由鸡蛋、牛油、面包渣、面粉、泡打粉等混合蒸制而成）、熟面筋、香菇，炖至鸡肉酥烂再放入粉条、枸杞、香菜等料即成，汤汁纯美，肉质酥烂，滋味纯正。

烩小吃 又称"中卫素杂烩"。烩小吃是一道传统著名小吃，宁夏各地均有制作。形状相似的夹板子、豆腐、粉条、面筋、菠菜、丸子，再加上清莹的汤，总让人忍不住多喝几碗。"杂烩"是一种著名的传统佳肴，中国古今均有制作。而中卫的素杂烩很具特色，来过中卫品尝过素杂烩的人无不称赞"物美价廉，特色鲜明，别有风味"。

黄焖牛肉 先过油，即肉切成块，加淀粉、鸡蛋拌匀后过油，炸至黄色；调料用水兑好，装入碗、盆中备用，把牛骨汤、调料水、味精加入后放入蒸笼，蒸时如果喜欢口感柔嫩则需一个半小时，如果喜欢口感韧性大则需两个小时。

土暖锅 土暖锅是宁夏隆德当地人家在春节期间精心准备的一种大烩菜。暖锅的用料全是家常菜，以白萝卜片贴锅，配以豆腐、粉条、土豆、豆芽、蘑菇、白菜、豆腐皮等，这些配料在暖锅中集中放好后，再用五花肉、排骨、鸡肉、牛肉等来盖面子。好料还要配好汤，暖锅里要浇入上好的高汤（鸡汤或者排骨汤）让肉汤略微盖过肉片，最后撒上红辣椒丝和葱丝，不仅是用来装饰，更能提味。寒冷冬日里，热热乎乎的土暖锅正是当下最受欢迎的美味佳肴，再配上软软绵绵的大花卷，散发着香豆子淡淡的清香味，醮着肉汤吃，实在太美味！

2. 面食

炒煳饽　又名"炒胡拨"，是回族传统的风味面食，相传唐朝就流行在长安一带，现在包括宁夏在内的西北地区仍很流行。炒煳饽是将热水和面后将烙熟的薄饼切成细条，上锅将新鲜牛羊肉加花椒、大料、茴香、干姜以及葱、蒜、辣椒面等调料炒熟后，置入切好的薄饼条翻炒，并加适量肉汤或水，盖上锅盖焖至汤干时，撒上香菜、韭黄、蒜苗等即可。

臊子面　固原的三营是银川、中卫等地通往甘肃平凉、兰州的要道，过去许多来往客商多在此休息打尖。当地的臊子面最有特色，深受来往客商喜爱。其做法是先将面粉加水加盐和好揉至不粘手，饧好后切成细面条。再将羊肉洗净切成米粒丁，葱切成丝，姜剁成末制成臊子。待细面条入锅煮熟后将臊子倒入锅中搅匀煮至香味溢出，连汤盛出即成。此面吃时再配上油泼辣子和腌韭菜加以提味，汤鲜面爽，肉嫩味香，使人垂涎欲滴，食欲大增。

羊肉小揪面　羊肉小揪面为宁夏特色美食。主要制作原料有羊肉，面粉，韭菜，青辣椒。起锅烧油，用葱姜蒜爆炒肉片，放调料粉和辣椒面，加汤，烧开，备用。重新换一锅水，把和好的面擀开切条，等锅里的水开后，就开始揪面，等面熟后，捞出面片到汤锅里，和先前做好的汤和匀，香喷喷的羊肉小揪面就可以出锅了。

油香　油香是回族群众生活中极为普遍的一种食品，但又不仅仅是食品。在家庭、社会活动中充当特殊意义的象征，成为典型的文化符号。油香大致可以分为发酵类油香、烫面油香两种。炸油香时在发酵面里要适量调入香油、鸡蛋，并掺放少量的薄荷叶粉。如炸甜油香还要掺入红糖和蜂蜜，然后搅拌在一起，揉成面团，擀成大小一样厚薄均匀的圆饼状，用刀在中间切两三个孔。

馓子　馓子源于中国汉族的饮食文化。早在汉代即以糯米煎制，分为盘馓与酥馓，名曰"寒具"。后来因时间的推移，出现了"膏环""环饼""捻头"等别称。馓子这道油炸面食据传已有1000多年的历史。宋代文豪苏轼诗赞它为"织手搓来玉色匀，碧油煎出嫩黄深"，把馓子的色香味概括无余。馓子做工颇讲究股细条匀，焦酥香脆，色泽艳丽，造型美观。制作时一般要在面粉里放入适量的碱溶液，并加入红糖、蜂蜜、花椒、葱皮等原料熬成的水，再加进鸡蛋和香油和面，然后反复揉压，把面搓成均匀的长条，对头折两个来回成八股，用馓杆将两头挑起，即可放入油锅内炸出。回族的馓子看上去黄鲜鲜，闻起来香喷喷，吃起来脆甜甜，堪称佳馔。

（二）茶饮与茶文化

1. 罐罐茶及茶具

住在宁夏南部六盘山地区的人们有喝罐罐茶的习俗。罐罐茶主要是用青茶或者是砖茶。宁夏南部山区的一些老百姓还会采摘山上一种名为"刺目树"的叶子回来蒸熟，晒干后饮用。"宁可三日无粮，不可一日无茶。"

罐罐茶　最原始的用具确实是罐罐，有铁罐、锡罐、砂罐，统称茶罐子。以砂罐为佳，因其在火"不旺"的情况下仍能维持"沸腾"状态。砂罐是烧制出来的器具，青灰色，8~9厘米高，底座直径只有4至5厘米圆柱体，看似粗糙，茶汤却很香浓，架在火盆上，可供一个人慢慢享用。煮茶的炉子明清以及民国初用火盆，后用"炉桶"。"炉桶"圆而小，或用黄泥杂碎毛发捏成圆柱状，或用铁皮卷成圆柱状而成。

2. 盖碗茶及茶具

宁夏人饮茶极具代表性的是喝盖碗茶，又称"三炮台盖碗茶"。盖碗茶的配料不一，名目繁多，根据不同的季节选用不同的茶叶。夏天以茉莉花茶为主，冬天以青茶为主。

盖碗茶　用的茶具叫"盖碗子"，也叫"盅子""茶碗子""三炮台盖碗茶"，茶碗、茶盖、茶托配套使用。茶具古朴大方，精巧雅致，既重实用价值又重审美价值。茶具大小介于茶碗和茶杯间，装茶叶方便，饮茶时倾斜度小，方便实用。喝茶时用宝鼎底座似的掌盘托茶碗，不烫手，还能把洒出的茶汁留在盘里。盖子设计略小于碗口，又略大于碗身，既能浸入碗中，又不至于掉入碗内。"盖碗子"一般是用景德镇出的青花或粉彩陶瓷。宁夏人最爱飞红点翠的粉彩瓷器，并且将金边红珊瑚图案、紫福寿字样的视为珍品，一般不用人物和动物图案。一般家庭，无论贫富如何，几乎都有"盖碗子"，可见对于茶具重视的程度。

泡茶方法："八宝茶"除了放入茶叶外，还放白糖、红糖、红枣、核桃仁、桂圆肉、芝麻、葡萄干、枸杞等。一般家庭饮用"八宝茶"配料不齐时，多饮用"三香茶"（茶叶、冰糖、桂圆肉）。泡茶前需用滚烫的开水冲一下碗，然后放入茶料盛水加盖，沁茶的时间为2~3分钟。

四、民居文化

民居文化，是人类与自然地理、社会文化环境相互作用中形成的一种独特文化，它有一定的地域性。宁夏的民居文化离不开宁夏特定的地域环境，宁夏位于中国西北地区，生态环境脆弱。但是当地老百姓就地取材，积极探索对地方自然资源最有效的利用途径，摸索出了以最经济实惠的办法获取最适合居住的营造方式，建造出了各种类型的地域聚落、民居建筑，从而逐渐形成特色居住文化。

宁夏地处内陆，所形成的民居形态具体体现在民居的平面布局、庭院空间、屋顶形式、营造方式等方面。

（一）中北部平原民居

宁夏中北部平原地区降水量相对较少，民居大多以砖墙、平屋顶的形式出现，住房多为土木结构平房，呈一字形排列，坐北朝南。房屋的结构和布局因家庭条件和使用功能的不同而不同，一般是无瓦的平顶房居多，屋顶常作家庭晾晒粮食、饲料之用。富庶的家庭建"三合院"或"四合院"瓦房。

（二）南部西海固地区民居

"西海固"是一个人文地理概念，原是宁夏回族自治区内西吉、海原、固原的联称，现在泛指固原、海原、西吉、同心、泾源、彭阳、隆德等地，借以描述宁夏南部这一特定地理环境中的人文现象。海原和同心降水稀少，自然环境恶劣，居民大多利用地形地貌，使用生土材料修建，既有高房子、土堡子、土坯房，也有各式窑洞，民居形态呈现出多元化特征。南部相对降雨量多，因此，房子的屋顶多为单、双坡顶建筑，这样有利于排水。

宁夏的民居和中国北方民居的造型一样，多为轴对称，院落坐北朝南，由正房、两厢、大门构成，大门普遍安置在院落的东南处，且在大门上贴上门神和喜庆的大红对联。因回族没有贴对联门神的民俗讲究，所以在宁夏民居中，大门设置和门外装饰成为外观上区别回、汉民居的标志。

第二节 工艺美术

民间工艺美术是劳动人民长期为适应生活需要和审美情趣的要求，就地取材，以手工生产为主而创作制成的工艺美术品，生动地反映了宁夏的自然环境和人文特征。它生动质朴、刚健清新，饱含鲜明的情感和气质，具有独特的艺术技巧和强烈的艺术感染力，是中华传统文化的重要组成部分。

宁夏民间工艺美术主要种类有剪纸、刺绣、木雕、砖雕、泥塑、农民画、地毯等。

一、民间艺术类型

（一）剪纸

剪纸技艺是一种古老的手艺，也是原始艺术的常见表现方式，宁夏剪纸以中华传统文化为本源，是一种喜闻乐见的民俗文化，这其中既有从古代剪纸中保留下来的传统中国思想内涵，也有民间趣味的表现。宁夏剪纸进入国家级非物质文化遗产名录，剪纸主要有窗花、喜花、鞋花、围墙花、柜花、灯笼花等。贴窗花曾经是很多人最向往最喜欢的活动，贴窗花寓示着将有好的事情发生。汉族一般是过年贴窗花，孩子三三两两跟着老人剪窗花，然后怀着无比喜悦的心情贴窗花。回族一般会在结婚的时候贴窗花，即喜花，在宁夏南部山区的一些村庄，大部分回族还保留着这一风俗，除了婚庆节日，有些妇女也会剪各种图案贴在柜子上、墙上、缸上来美化环境。

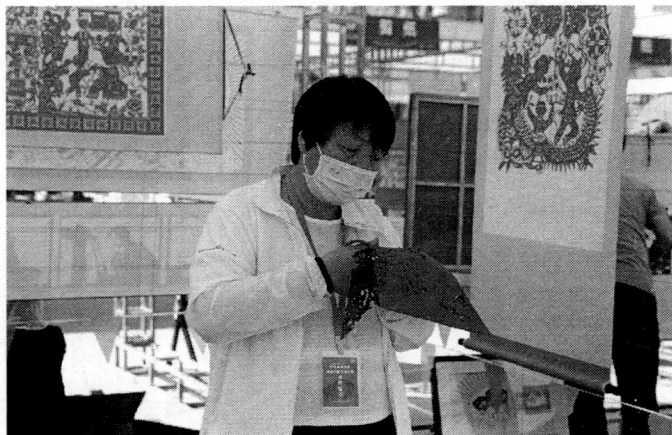

剪纸（展帆／摄）

剪纸作品（展帆／摄）

剪纸从技法上分为阴刻剪纸、阳刻剪纸、阴阳混合剪纸；从色彩上分为彩色剪纸和单色剪纸。

宁夏自古是多元文化和多民族聚居区，因此，深厚的文化底蕴和各具特色的民风民俗，滋养了宁夏民间艺人的创作灵感，使宁夏这支剪纸队伍活跃在民间艺术的领域，传承着中国传统文化。剪纸艺术的产业化，也带动了一批妇女依靠手工艺走上致富道路。

伏兆娥是宁夏剪纸的主要代表人，也

是宁夏非物质文化遗产传承人，宁夏一级工艺美术大师，被联合国教科文组织授予"中国民间工艺美术家""中华巧女""中国十佳艺人"等终身荣誉称号。伏兆娥从小在海原长大，6岁起就跟着姥姥和母亲学剪纸，受到家人熏陶，伏兆娥对剪纸兴趣浓厚。她在长期的生活和创作实践中，用一把灵巧的剪刀描绘家乡的风土人情和民间的故事传说，抒发自己的情感，歌唱美好的新生活，其技艺精湛被国内外文化艺术界人士誉为"西北第一剪"。

2008年，"伏兆娥剪纸"注册商标，现已成为宁夏著名商标。如今，她的作品也走向全国，甚至走上国际舞台。2009年，伏兆娥和二女儿李剑成立了宁夏艺盟礼益文化艺术品有限公司，通过"企业+协会+农户"的经营模式，实现了非遗剪纸作品的产业化发展，让剪纸作品变成符合受众需求的产品。2016年，公司搬到银川经济技术开发区育成中心，实现产业转型，将传统剪纸艺术与互联网技术相结合，实现数据化的整合。目前，公司正以伏兆娥剪出的10多万张人脸剪纸为基础数据，建立剪纸作品的人脸识别肖像数据库。此种方式为国内首创，以期将伏兆娥剪纸的艺术神韵更生动地表达出来，让剪纸技艺搭上数字化快车，让剪纸文化更好地传承下去。伏兆娥的创新做法使剪纸技法取得了新突破，实现了非遗保护与盈利双丰收的愿景。

张伟，隆德县沙塘镇和平新村一位地道的农民，他对剪纸的喜爱也是来源于他的母亲，他的母亲是一位会绣花、剪纸的能手，从7岁开始，张伟逐渐学会剪一些生活中常见的牛、羊等动物，10岁的时候，张伟已经能剪出很好看的植物、动物图画。成年后，他的剪纸主体主要是生产发展、勤劳致富、农业机械化等生活场景，同时，他的剪纸内涵也逐渐丰富。由最初的信手拈来到后来通过构图，然后画下来，借鉴南方剪纸的技法，开始用刀刻细部、剪刀剪轮廓，剪纸也逐渐向人与动物、人与自然的和谐统一的方向转变，也逐渐强化剪纸中的民俗文化和人文精神。他的剪纸《50大庆》《毛主席过六盘山》《飞天圆梦》等体现着时代的气息，被国内外多家媒体刊登。

井春霞，宁夏大学美术系毕业，是一名小学老师，她的剪纸是从传统到现代的一种转型，她的"回族妇女"系列、"红楼人物"系列，笔法细腻流畅，构图空灵精巧，现代元素与民间元素相得益彰，典雅大方，惟妙惟肖，完全是一种不用笔墨的"工笔画"。

她对回族妇女生活、社会现象、多彩世界的独特感悟，从平凡而朴素的生活表象中，从纷繁而复杂的社会现象中营造自己的民间剪纸艺术的殿堂。

井春霞的剪纸艺术以表现回族妇女生活、人间亲情、社会发展、民族团结等进行了多层面的展示和渲染。她的作品《红船颂》《和平万岁》、"回族女性系列"这种更为纯粹的讴歌改革开放政策带来的巨大变化，体现了更为深沉悠远的感恩的情结。

（二）刺绣

刺绣在中国有着两千多年的历史，从古至今，刺绣技艺已经成熟，并且生出很多大大小小的派系、支流。刺绣是技艺，也是民间审美需求、妇女才艺的展示。在农村，农闲时妇女们会互相串门，有时三个一伙五个一群地坐在一起，一边做着针线活一边拉家常。聪明的人总是边聊天边偷偷地观摩别人的手艺，取长补短互相学习。绣品往往是越绣越美，越绣花样越多，经过这样的不断学习，刺绣风格逐渐固定，手法逐渐成熟，刺绣让日常生活更加多姿多彩，也能陶冶情操，女孩的"针线"和"茶饭"曾经甚至被提到

刺绣

了贤德的前面。[①]

赵桂琴，宁夏同心县下马关镇红城水村人，赵氏刺绣第六代传人，也是宁夏首批非物质文化遗产代表性传承人，由于从小跟随母亲学习家传的刺绣技艺，赵桂琴的刺绣梦想也一点点开始实现。赵氏家族传至赵桂琴时，刺绣作品已形成独特风格。工序包括构思、勾勒轮廓、复画样图、选料、纫粗细丝线若干、下粗细绣针、装裱等。赵氏家族的刺绣讲究工艺、技巧，绣品中人物、动物的一根毛发、一个眼神、一片树叶、一缕水波，赵桂琴都能表现得细腻传神。完成的作品活灵活现，惟妙惟肖，具有活态性、审美性、艺术性、装饰性等特点。内容借用比喻、象征手法，表达多种情感，题材因时代的变迁而有所改变。

历史的传承，技艺的历练，最终在赵桂琴身上得到最好的诠释。近年来，她的作品多次获奖，《莲花》获自治区党委宣传部"迎奥运、迎大庆、颂'四德'、倡清廉书画展"一等奖；《金陵十二钗》获自治区党委宣传部、文化厅、电视台、农牧厅、体育局、新消息报主办的全区"首届建设社会主义新农村系列文化活动"刺绣工艺一等奖、最佳艺术奖；《龙凤呈祥》获"炎黄杯"首届海内外华人名家优秀作品展金奖；《唐僧师徒西天取经》获"迎奥运中华杯"全国艺术大展赛一等奖、中国非遗展最佳表演奖；《枸杞红了》《回娘家》获"和谐盛世杯"工艺美术展一等奖；《青花瓷》获第十届中国民间文艺山花奖·民间工艺美术作品铜奖。2013年，以赵桂琴名字命名的刺绣公司正式成立，立足宁夏地域特色，开始了刺绣产业化的发展，赵桂琴的刺绣梦也是点点滴滴在实现。

李夏音，是一名陕北女性，她的刺绣在陕北刺绣的基础上，又融合宁夏刺绣的针法、技法、表现手法及材料运用和情感传达等。2005年创办绣坊，2009年3月注册成立吴忠市巧儿刺绣传承有限公司，李夏音是吴忠市巧儿刺绣传承有限公司董事长。她将家传针法、苏绣、宁夏刺绣针法巧妙地融汇在一

---

① 杨丽娟，宁南山区回族民间刺绣传统图案色彩研究 [D]. 银川：北方民族大学，2017.

李夏音作品（展帆／摄）

李夏音作品（展帆／摄）

起，并致力将宁夏刺绣发扬光大。她认为手工刺绣本身蕴含的艺术、技术和审美价值已经决定了它在民族文化传承中具有不可取代的地位。然而随着经济飞速发展和人民生活水平的不断提高，现在的手工刺绣似乎越来越无所适从，其所需要的耐心、专注和刻苦磨炼，看起来又好像与现代快节奏的生活方式格格不入，那些凝结其中的传统审美似乎也显得有点"土"，处境多少有点尴尬。面对这种境况，李夏音转变思维，她打破刺绣仅限于装饰、收藏的功能，她尝试采用剪纸技法把需要绣制的纹样反映在底料上。通过刺绣传承人和优秀设计师的共同努力，使其与现代科学技术融合，或是与其他传统工艺进行联合，实现跨界创新，从而创造出更多的市场价值。

（三）雕塑

宁夏的民间雕塑主要有砖雕、木雕、石雕、贺兰石刻、泥塑、面塑等，雕塑讲究"捏活"和"刻活"，木雕、石雕为"刻活"，泥塑、面塑为"捏活"，砖雕则二者皆有。宁夏的面塑主要是制作食物的过程，在节日时，各家各户炸的馓子、面花等会用到面塑的技巧，但很少有专业的设计者和手工业者从事专门的面花设计制作，这里不再赘述。其中的木雕和砖雕因制作精美，独具特色，均被列入国家级非物质文化遗产名录。

砖雕、石刻和木雕主要用于建筑物的装饰，特别是民居中的装饰。宁夏传统民居以借鉴和遵循中国传统的建筑原则为主，主要结构、门窗装修、家具一般都为木质。内外围墙、地板、基石等多为砖石，这种建筑模式决定了大量木雕、砖雕装饰品的存在。砖、石、木雕刻均是中华民族艺术与智慧的结晶，与建筑艺术相辅相成，是记录历史的绝佳载体。目前发现最早的宁夏砖雕艺术为北宋墓室地下内室砖雕。

砖雕艺术的精华之处在于它的多层次雕刻，一幅砖雕作品往往综合应用浅浮雕、深浮雕、阴线雕的手法，将图案分为三到四层加以处理，使作品能够立体地呈现，这考验的是艺人们对材料的熟稔程度和对题材的深刻理解。隆德魏氏砖雕，历史久远，可以追溯到清朝光绪初年。魏氏砖雕的四代传承人在吸纳众家之长，继承传统工艺的基础上，创作了"纹龙脊兽""五鬃脊兽""狮子滚绣球""双龙纹""龙凤脊""二龙戏珠""张口兽"等作品，具有风格独特、立意新颖、构图严谨、雕工精湛、造型生动、古朴大方、融装饰性和实用性于一体等特点，在隆德乃至西北都有很高的声誉。

泥塑作为雕塑的一种，在

固原市隆德县温堡乡杨坡村杨氏彩塑艺术馆作品（展帆／摄）

固原市隆德县温堡乡杨坡村杨氏彩塑艺术馆作品（展帆／摄）

过去宁夏民间广泛应用，传统的寺观庙宇就是民间雕刻、泥塑艺人展示才艺的平台。隆德泥塑艺人杨氏家族，集泥塑、绘画、木刻、章雕、烫花于一体，在继承传统特色工艺的基础上，吸纳了浓郁的现代生活气息。产品题材广泛多元，既有表现山水田园的，又有表现人文景观、神话传说的，还有《农村社火队》《毛主席过六盘》等现代题材的大型泥塑。既有花瓶、笔筒、烟具、印章等实用品，也有人物、飞禽走兽、佛像屏风、山水风光等观赏品。

木材因其便于加工塑形的特征一直被用于建筑，传统的木结构建筑将架体和装饰有机结合起来，促使木雕艺术发展至今。木雕主要用于室内外的挂落、斗拱、梁架、门窗、屏风的装饰，题材以植物为主。木雕工艺可分为线雕、隐雕、剔雕、透雕、圆雕，雕刻手法追求线条流畅、刀法纯熟、富有韵律。

（四）纺织工艺

宁夏的纺织工艺手艺精湛，自明代就受到众多官员、商人的喜爱，直至清朝，宁夏地毯、挂毯甚至被皇室视为臻品。纺织工艺主要包括布料、地毯、挂毯、毛毡等各种类型，其中地毯、挂毯、毛毡的实用性和艺术性都极具民族特色。宁夏纺织品主要材质有羊毛、手纺线、蚕丝，羊毛针织品选用本地光泽好、弹性强的滩羊毛做原料，主要作用是隔潮、御寒；手纺线可以将机器不能纺织的又细又短的羊绒纺成线，用其编织成的地毯耐用、结实、有韧性；蚕丝线编制的地毯，不但质地轻薄，而且非常炫目，色泽会根据光线和角度的变化而变化，美、巧、实用成为宁夏纺织品受欢迎的重要原因。宁夏毯的品质根据密度不同又分为90道、107道、120道、160道、200道、300道、400道等，道数越高，技法越复杂，耗费时间越久，工艺价值越高，档次越高，收藏价值也就越高。在纺织工艺不断提高完善的过程中，精细的制作工艺、精巧的设计等使得纺织技术得到极大提高，进贡给宫廷的制品做工极其考究，构图讲究"四平八稳，疏密得当，层次分明，结构严谨"，[①] 符合皇室贵族的审美观。明清时期的宁夏纺织品出了不少佳作，例如故宫博物院馆藏的挂毯"宁夏红地人物龙花"。

近些年来随着中外文化的交流，宁夏纺织品无论是从艺术形式还是内容上都变得更加丰富多彩，除了地毯、挂毯以外，沙发垫、汽车坐垫、鼠标垫等也变成生活的必备品，新的用途带来了设计和题材上的变革，除了常见的梅、兰、竹、菊等传统图案外，融入了更多的传统优秀文化元素、现当代艺术元素，成为宁夏纺织工艺品的新亮点。

二、宁夏民间工艺美术特征

宁夏民间工艺美术体现了宁夏的地域文化特色，同时，不同民族又展示了自己的艺术风格。宁夏传统手工艺美术题材广泛，人物、动物、植物、各种民间故事、民间传说、神话人物均是表现对象。宁夏的题材主要以静物为主，但这并不影响手艺人们对自身思想的表达和对中国传统文化的热爱，把简单的植物、器物、几何纹样、少量的动物通过各种组合、修饰，用精湛的技艺表达出来。

（一）反映美好的现实生活

近几十年来，宁夏民间工艺美术在题材选择上，更多地使用带有和谐、富贵、庄重、喜庆的图案。有些题材是在传统的工艺上赋予了更加丰富的意义，把喜悦之情通过象征、谐音的方法融会到作品中，例如人物与牡丹花的

---

① 钱志扬. 地毯样式与地域文化 [J]. 东南文化，2006（1）.

组合——牡丹花"花开富贵"，（牡丹花与人物一起构图即能表现人物的幸福美好，也能表现出对美好生活的赞美之情）；荷花与花瓶的组合——荷花"荷风送香气，竹露滴清响"（插在花瓶里的荷花有"和平"之意，充满了作者内心对团结、安宁生活的喜爱）。也有重温辉煌历史，表达爱国情操的题材，1935年10月，毛泽东率领的红军长征翻越六盘山，打开了通往陕北革命根据地的最后通道，1936年10月，红军长征三大主力军在西吉县将台堡顺利会师。宁夏南部六盘山地区是红军长征所经之地，红军与当地的各族人民互帮互助，共同战斗，留下了很多流传至今的红色故事，这些故事一直温暖着当地老百姓的心，是剪纸、刺绣作品中的常见题材。近年来，表现各族人民幸福生活、在国家政策支持下人民脱贫致富的题材也比较常见，这种题材多是新中国成立以后，各族人民对不断提升的生活质量的真切体会，通过直观、现实的方法表现出来，例如被国家博物馆永久收藏的剪纸作品《回汉人民奔小康》，这幅表现回汉人民团结友爱、共同富裕的作品不仅剪出了新生活也剪出了宁夏近些年的巨大变化。近年来，有很多剪纸作品通过反映中华儿女们随着时代的变迁和个体意识的觉醒，渴望幸福的生活、甜蜜的爱情、优美的生活环境，例如井春霞的《清水河走出小金莲》，伏兆娥的《回汉一家亲》《回汉人民奔小康》《永久和平》《回族风情民俗长卷》等都是反映宁夏人民真实生活的作品，这些作品从立意到构图再到创作完成，无不包含着创作者心中的无限温情。反映富贵吉祥、社会和谐的剪纸作品大量出现，一定程度上改变了原来人们对剪纸艺术的看法，也让这种原来在妇女农闲时的活动变成了产业。

（二）当代艺术与传统技艺的结合

当代艺术与传统技艺的结合给手工艺的发展提供了更加广阔的空间，也让传统技艺更加符合时代的发展需求，特别是刺绣、剪纸、挂毯等比起实用性更注重其装饰性与艺术性。在工艺美术不断发展创新的过程中，传统与现代的碰撞产生无限的想法，近年来，宁夏同心百花刺绣妇女合作社创作了一系列装置艺术作品，如《天堂》《心旅如织》等，[①] 装饰艺术是场地、材料、情感的综合艺术，具有后现代社会特征，一般用于展览，注重创作者对艺术的认知、表达和观者在特定环境下感官的代入，现当代的装置艺术原本是对当今瞬息万变的世界的解读，有怪诞、迷茫、杂乱的感觉，但是这些作品却在传统手工技艺表达下更多体现出包容、精巧、积极向上的观感。田彦兰的剪纸作品《尕妹子的盖头那个飘》[②]，作者将回族少女与骆驼、沙漠、黄河、苹果树组合在一起，极具设计感和艺术感，同时又突显出西北的地域特征和民族风情，受到大家的喜爱，特别是吸引了很多年轻人的视线。

近些年来，随着国外市场的发展和消费群体的年轻化，手工艺的设计也发生了较大变化，几何纹样虽然简单，但是可以产生强烈的视觉冲击感，与现在的室内装饰、艺术设计更加契合，因此，有些制作刺绣、地毯等手工艺的机构聘请专业的设计师来设计图案，在延续传统风貌、贯穿民族审美习惯的基础上发挥想象，设计出更符合现代人审美的图案。例如宁夏海原县海城镇政府东街回绣阁金花的刺绣作品《牡丹》，一般绣稿都是以中国画折枝牡丹出现，但这幅绣品却采用西式画的一束花。整幅绣品由六枝重瓣型的牡丹组成画面，有泛紫的胭脂色牡丹两朵，占据画面中心和右上角；稍小的两朵淡红色牡丹靠近右上角，形成大小、冷暖对比；泛蓝色牡丹一朵；朱红色牡丹一朵，形成深浅变化。几何图形的组合则是加入了一些立体派与抽象派的美术特征，利用色彩的对比构成装饰。例如中卫地毯厂生产的地毯，纹样在整体的构成上采用的是多卷曲线纹样，边饰与毯面连成一体，毯面的主体结构是以放射、对称、回旋为基本骨骼，而垂直线和水平线隐藏在各种涡形线和具象形中，从而产生视觉上既生动活泼又趋于稳定纹样的装饰风格。在色彩上以黄色为底色，植物以绿色、玫瑰色、赭石色为主色。花以牡丹为主体花，

① 杨新林. 当代回族美术 [M]. 银川：宁夏人民出版社，2014年，203.
② 杨新林. 当代回族美术 [M]. 银川：宁夏人民出版社，2014年，218.

在组织纹样时以构成波状曲线的蔓茎为轴心，在其凸起和凹陷的空间内，从转折处填补与伸展方向相反的翻卷小枝，并在小枝的顶端加饰牡丹花纹。这种纹样所体现的是一种婀娜多姿、充满生命的自然美。

三、民间工艺美术价值

在端庄肃穆中透露着俏皮活泼，这正是中国民间工艺美术的独到之处，也是最能体现民族文化特征的地方。民间工艺美术主要以中国传统美学精神作为构思的统领，把对称与均衡放在很重要的位置，常见的传统图案大多是以点或线为中心，在其周围以相近或相同的元素排列延伸，这种布局方式决定了传统图案方圆有序的平衡美感，而观者置身其中却感受不到丝毫的枯燥与压抑，这便是有别于现代美术的最大特征之———繁中求变，乱中有序。传统图案的繁复并不是无限的重复或者是无序的排列，传统图案讲究繁与简的对比，讲究节奏与韵律的协调，讲究动与静、疏与密的搭配，这些特征在宁夏民间的工艺美术中被完美体现出来，能工巧匠将现代美学和中国传统美学结合起来，以更加平和更加有序的方式诠释出"真、善、美"，做到了局部服从整体、和谐统一、乱中有序。民间美学不仅仅是文人追求完美、高尚的精神世界，还有民间的欢乐、热闹，因为具有这些特征，民间艺术才得到更多的喜爱，民间手工艺品才更有温度、更有感情。

在图案的处理和技法上，宁夏民间工艺美术又将地域特征和民族特征融合在一起，在写实中求"趣"的表达。宁夏民间工艺美术更注重写实，手工艺人通常就地取材，因地制宜地表现出西北地区拙朴、刚健、硬朗、生动的文化特征，这种特征有时会给人过于粗糙、过于生硬的感觉，但是也能在形式和风格的创意上显现出非常质朴的特征，作品中的色彩和工艺看似随意实则讲究，全无浮华之气，也不装腔作势。即使创作者没有接受过专业美术和工艺制作训练，乍看似乎在技巧上有所欠缺，甚至觉得粗糙和幼稚，但认真审视，恰恰因为没有所谓成规旧俗的约束和牵绊，随心所欲地自由创作，最终体现出民族民间艺术清水出芙蓉、天然去雕饰的质朴性。加之宁夏各族人民多生活在黄土高原边缘与沙漠交会的地带，自然环境较为恶劣，每一条河流，每一片树林对于当地人来说都是无比珍贵，所以当地各族人民在对自然的体悟中，充分利用色彩与造型来表达艺术的情趣，甚至于一些民间手工艺者以文人的"天趣"来诠释自然的美和人性的美。高平曲折，皆成山水之象。心存目想。高者为山，下者为水，坎者为谷，缺者为涧。显者为近，晦者为远。神领意造，恍然见其有人禽草木飞动往来之象①的景象用于建筑、影壁、装饰画中，这种小小的情趣不仅是文人墨客小居山林的情趣，也是黄沙中绿瓦白墙给人带来的希望和米缸上丰收的喜悦、地毯上繁花盛开的乐趣。

宁夏民间工艺的韵味体现在文化生态和生活形态上，文化生态是决定民间美术形式与意味的重要因素之一，文化生态很大程度上决定了艺术形态的基本构成，特别是对民间工艺美术来说，丰富的生活形态、独特的自然环境让宁夏民间的工艺美术富有想象力和艺术魅力。如农民画，创作题材丰富多元，生活气息浓厚，春耕秋收、山野放牧、打井修渠、平整田地、碾麦扬场、绣花织布、休闲娱乐、社火高跷等日常生活都是创作的素材。体现了他们对生活的热爱和生存信念的坚定。

形式与内容的有机结合把工艺美术这种原发于社会生产力较为低下时期劳动人民的创造力与古朴的审美跟现代人的欣赏水平联系在一起，刺激着人们心中对"美"最原始、最纯粹的情感，让手工艺美术不断得到人们的广泛认可。曾经的刺绣、剪纸或许只是农闲时证明自己心灵手巧的方式，但现在工艺美术却是民俗风趣和社会生活、文化形态的有机结合。

工艺美术因其具有实用的特征总是跟随着时代的变迁发生巨大变化，在抽象、印象、波普、意识流等美术形式多元化的今天，中国人的思维、眼光发生了很大变化，从中国传统的内外相谐、尽善尽美、自然圆融到观念艺术感官化、现实化不断解构重组的今天，现当代艺术让宁夏民间手工艺不断变化，宁夏民间工艺美术出现了更多表现个人情感、地域特色、哲学思想的内容。

---

① 引自：北宋宋迪对自然与艺术中"趣"的论述.

第三节　音乐舞蹈

宁夏位于黄河上游，各族儿女在长期的适应和改造自然环境中创造了具有特色的民间音乐，这些传统音乐体现了当地老百姓的生产生活方式及特有的民俗文化。

宁夏民间音乐是我国民间音乐的重要组成部分，是宁夏各族人民集体智慧的结晶。由于宁夏民间音乐承载了浓郁的民族气息，表达了宁夏各族人民的文化思想。长期以来，宁夏各族人民都十分喜爱自己的民间音乐，在传承传统文化艺术精神方面，民间音乐发挥着重要作用。[1]宁夏民间音乐，包括民歌和民间器乐。民歌有山花儿、小调、劳动歌等，民间器乐有口弦、泥哇呜、咪咪子等。

舞蹈作为一门古老的艺术形态，通过形体动作、表情符号来表达思想情感、反映社会生活的艺术。宁夏各族人民在长期的历史变革中，共同创造社会物质和精神财富，在经济生活、文化艺术诸方面互为融合，至今仍保留在六盘山区的乐舞《口弦》和《踏脚舞》，足以说明这一历史事实。

一、音乐

（一）民间音乐

劳动号子　劳动号子是宁夏人民日常生产、生活中直接创造出来的一种民歌形式，又分为夯歌、场歌、黄河船工号子、牛佬佬调等。如夯歌《一夯一夯往上涨》，打场歌《麦子打得净又干》，黄河船工号子《大家团结力量大》，牛佬佬调《苦坏了我的牛哥呀》等。

---

[1] 姬文革. 文化产业视野下的宁夏民间音乐 [J]. 黄河之声，2014（19）.

小调　小调也称"小曲""俗曲"。在宁夏地区流传较广，演唱形式多种多样，有独唱、对唱、小合唱等。内容广泛地涉及社会生活的各个方面，有的涉及不同历史时期的重大政治事件和社会事件，有的则只反映日常生活中的习俗、风情等。

山花儿　山花儿又称"少年"或"野曲"。花儿所表述的内容极为丰富，涉及历史、政治、经济、文化、生活民俗等诸多方面，但很大一部分与婚姻、爱情生活有关。花儿的演唱形式可分为漫（独唱）、对（对唱）、合（一领众合）、联（多首曲调连接）等。在宁夏南部山区及同心地区，主要流传山花儿。山花儿不同于甘肃、青海周边地区的赛歌等表演唱法，主要是人们在山间地头劳作时，自娱为主、即兴而作。它除具有一般花儿特点外，还吸收了其他民间歌曲体裁的特点，形成了自己独特的风格。

（二）民间器乐

宁夏民间乐器被列入国家级非物质文化遗产名录，其乐器品种繁多，最受群众欢迎和喜爱的有：口弦（口琴子）、埙（泥哇呜）、羌笛（咪咪子）、角笛（牛角号）、羊头弦子、果核、咪喇秆子、芦管等。

口弦　口弦又名"口琴子"，也被称为"口口"或"口簧子"。是一种含在口中弹奏的簧类乐器。

泥哇呜　泥哇呜又名"泥箫""泥娃娃"。是我国古代土制乐器"埙"在宁夏民间的流变。宁夏有秤锤形、牛头形、蝴蝶形和直管形等多种形制的泥哇呜，均用黄胶泥捏成，直径约9厘米，腹径约8厘米，一般顶端有一个吹孔，正面开4个音孔，牛头形的上宽下尖，吹孔在上方。泥哇呜是牧童最喜爱吹奏玩

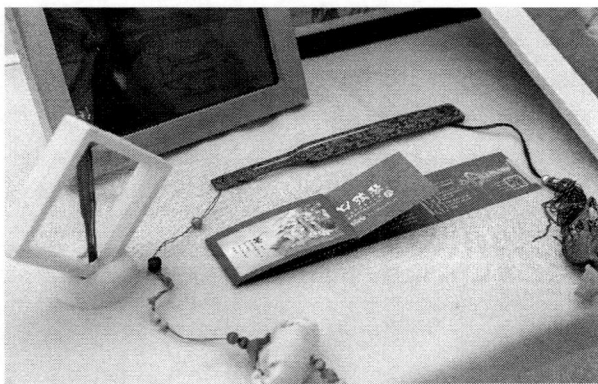

口弦琴（展帆／摄）

耍的自娱性乐器，他们在放牧时，用泥捏成各种形状的埙，吹奏自娱。音色幽婉含蓄、古朴深沉。其中以牛头形和鹅蛋形的流传最为广泛。

泥哇呜现已作为宁夏民间乐器展现在多彩的舞台上。曲目有《小乔哭周瑜》《雪花飘》《凤凰台上忆吹箫》《九连环》《拉纤》《牛佬佬调》《花儿》《干花儿》等。

咪咪子　咪咪子是一种用细竹管制成的广泛流传在宁夏民间的一种自娱性乐器，属簧管类气鸣乐器。形制多样，一般用芦苇、柳枝、燕麦秆制成。吹奏时，用双手捂住管口，靠喉部控制发出尖细微颤的独特声音。竹管制成的分单管、双管两种，管身长15~24厘米，一般开4~6个音孔，顶部插细竹做成簧哨。演奏时将哨含在口中，竖吹，两手食指、

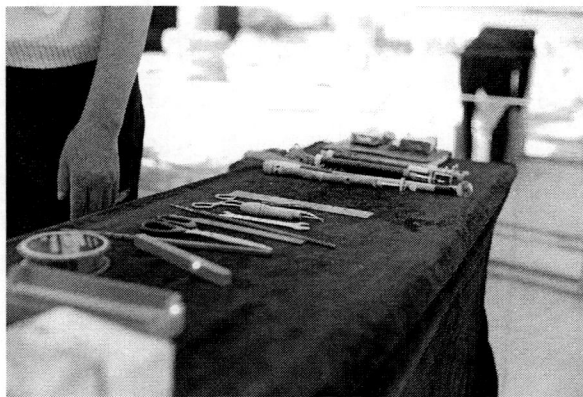
咪咪及制作工具

中指、无名指分别按上下3个音孔即可吹奏。还有一种用山区野生咪喇秆制成的，管身较长，开6个孔，在管顶开1吹孔，能吹出轻柔委婉、延绵悠长的箫音。

无论在山野还是室内，咪咪子可随时吹奏自娱，也可以用它为"花儿"及"小调"伴奏。曲目有《山里的野鸡娃》《山里的麻雀山里飞》《蓝桥相会》《葫芦花开树搭架》《哭丧调》等。

（三）民间音乐的表现特征

宁夏地区的民间音乐在传统音乐的基础上与我国其他民族音乐相互交流、吸收、融合、兼容并蓄，形成了既具有中华民族音乐特征，又具有地域性特征的音乐。宁夏民间音乐具有类型多样的特征，其比较独特的音乐形式包括宴席曲、山花儿、隋唐秧歌、宁夏民间说唱等。

模仿性　早在2000年前，德谟克利特就认为艺术是对自然的模仿，尤其

是对动物的模仿。《吕氏春秋·古乐篇》中有记载：皇帝命伶伦制定音律，"听凤凰之鸣，以别十二律……""帝尧立，乃命质为乐，质乃效山林，溪谷之音以歌"。例如：口弦曲《廊檐滴水》就是在模仿从房檐上往下滴水的声音，节奏缓慢；《骆驼铃》是模仿骆驼在沙漠中行走，铃铛发出的声音，这些曲调大都平淡。根据古书中的记载，古代的簧从形式上和现代的口弦十分相似，已经流传了上千年的时间，到现在也没有多大的变化，它还是属于一种原始乐器，处于一种蒙昧的状态、所以大部分口弦都在模仿。对自然、对动物的模仿揭示了人类一种比较原始的心里倾向，显然，模仿也是大部分原始活动的基本创作手法，在物质匮乏的年代，人们借以用音乐来展望未来，想象着美好的生活，说是用音乐来模仿，其实也是通过音乐想象，去表达某种感情。

即兴性　模仿和即兴是民间音乐的基础，是音乐表演的"本能"，也只有在这种本能的作用下，才能体现人们最真、最善、最美的情感。音乐是情感性很强的艺术，模仿和即兴都是音乐表现的原动力，人们通过模仿来表现某种感情，通过即兴来触动人们内心深处的那根琴弦。形象思维这个术语始自俄罗斯文学批评家别林斯基，他说："哲学家用三段体来说话………诗人用形象来思考。它不证明真理，却显示真理。"艺术创作是一种形象思维，是"寓于形象的思维"，它表明艺术创作始终和具体可感的形象连在一起。从艺术体验中，艺术家获得的是生动鲜活的生活材料。经过艺术构思提炼聚合为艺术形象，然后通过物化阶段完成艺术作品。

自娱性　宁夏民间音乐大部分是带有自娱自乐性质的。音乐的主要功能首先是给人一种美的享受，人们通过音乐来表达情感，正如我们所听到"花儿"，我们所听到的"口弦"，都像是在诉说，在倾诉，在告诉自己，而不是别人。花儿是表达感情比较外在的一种音乐形式，在花儿流行的地区，对花儿的诠释都有不同的意义，但主题都是表达人内心的感情。人们对爱的向往不易外露，人们就把这样的感情放在了能被大众所接受的"花儿"这样的艺术表演方式之上，不论是出于对爱的表达，还是人们田间劳动时所唱，都是"由心之起"。口弦，常用来自弹或两人对弹，也有一人领奏其他几人合奏的，口弦的发音较小，但是口弦声中却充满了真挚的内在感情，人们用口弦去低语，诉说着她们的不幸、忧伤、快乐和幸福。

二、舞蹈

宁夏位于丝绸之路上，由于东西文化的交流碰撞，给宁夏民族舞蹈提供了很好的养分。宁夏民族舞蹈伴随着各族人民的繁衍生息和文明进步持续发展，已融入各族人民的精神生活和物质生活之中，在一定程度上反映着各族人民在一定历史时期的政治、经济、文化、生产方式、风俗习惯及民族心理、民族情感乃至民族性格。

踏脚 主要流传在宁夏泾源县泾北乡园子村一带，是由民间武术演变而成、融武术和舞蹈为一体的、含有竞技成分的一种集普及性、娱乐性、民族性为一体的民间艺术活动。"踏脚"原名"弹腿"，是由民间武术演变而成的融武术、舞蹈为一体的、具有顽强生命力和广泛性的竞技舞蹈，延续至今。其主要以脚和腿部动作为主，双手只起平衡身体、保护遮挡的作用。踏脚时须遵守约定俗成的规矩，即必须用全脚掌"踏"或用脚的外侧打或裹，而不允许用脚踹或有意伤人。"踏脚"常见动作步法主要有十种。一是平踏，平踏双方均抬右腿，向对方的身体踏去；二是后转，左腿半圈用脚跟打对方的身体；三是扫腿裹脚，弓步、后扫堂腿；四是顶脚，双方均抬右腿，脚掌相顶；五是连环转（绕圈平转），连续转身向对方踏去；六是顶腿；七是高转，身体倾斜，左腿向空中后扫，同时转半圈脚打对方后背；八是跋脚，向前收腿跳起后，踏对方腿部；九是关后门，右腿伸向斜上方，踏对方臂部；十是燕式跳平踏，燕式跳平踏对方腰部及臂部等。

宴席舞 宴席舞又称"宴席曲"。是群众在婚事喜庆中广泛流行的一种自娱性歌舞形式，"歌者为曲，动者为舞"，流传于宁夏银南地区中宁县鸣沙乡一带。宴席舞是西北很有代表性的一种婚礼舞。宁夏人民习惯把有喜事称作有宴席，故把用于婚礼宴会及其他喜庆场合所表演的歌舞统称为宴席舞或宴席曲，为婚礼增添喜庆气氛。它以唱为主，唱曲间伴有风趣、优美的舞蹈动作。青年娶新娘，当新娘下轿被迎进新房后，即摆上宴席。席间有人开始表演，形式不限，有齐唱，亦有人领唱、众人合之。最多时达五六十人。演唱曲目有《进门曲》《恭喜歌》《四姑娘》《送丈夫》等，以唱《四姑娘》为主，曲调婉转典雅，具有独特的民族风格和地域特色。演唱时曲目可随意更换，随音乐的节奏，唱者和他人也随之舞动，其动作稳健、流畅，姿态美观大方，用以表达对新郎新娘的祝福。当歌舞到高兴得意时，有的歌舞者便情不自禁地随乐曲节奏微闭双眼，双手背后以屈伸稳健的舞步伴以摇头动作，以自我陶醉形态来抒发喜悦欢乐的心情。表演形式一般两人或四人对歌对舞，或由两人或四人主唱，再由两人或四人伴舞。其动作姿态潇洒、风趣，富于幽默感。其风格特点鲜明地表现在头、臂、手、膝、脚五个部位上：头部有节奏有规律地碎摇动；左手叉腰，右臂挥舞顺拐大跨步，手掌上下翻动或半握，左右平摆；双腿屈膝半蹲，上下颤动；腰背前倾后仰；我们从中依稀可见到宁夏人民在生活习俗、民族性格、心理状态、审美情趣等方面的文化特征。这些特征生动地刻画出宁夏人民那种风趣诙谐、质朴粗犷的民族性格。

第四节　体育杂技

在长期历史发展中，宁夏人民在生产和生活中吸纳、创造了丰富多彩、形式多样的体育项目，具有鲜明的民族和地域特色，是中华民族体育文化遗产的组成部分。

一、民间传统体育活动

宁夏民间体育活动形式丰富多样，涉及游戏、养生、表演等方面，内容丰富。有打木球、下方棋、踏脚、掰手腕、拔腰、拌跤、掼牛、打梭儿、踢毽子等运动。诸如此类的民间体育活动，生活气息浓厚，内容健康、活泼，游戏规则简单易学，不受场地限制，就地取材，便于开展，既能强身健体，又能开发智力，集竞技性、游艺性、娱乐性于一体，深受群众的喜爱。

　　木球　宁夏民间木球又称"赶毛球""打铆球"（因其球为铆钉状），亦可称为"牧球"。受地域影响，不同地方木球打法略有不同。据民间传说，在清朝康熙年间，康熙皇帝在亲征葛尔丹时，途经宁夏，发现一群放羊娃在"打铆球"，便从放羊娃手中要过鞭杆和铆球，模仿牧童的动作打了几下。康熙皇帝回到京城后，命人制作了鞭杆和铆球，组织宫廷的人进行比赛。到清同治年间，打铆球在宁夏民间广泛流传。

　　民间木球作为民众喜欢的一项传统体育项目，由于地域范围的不同，木球的打法也不尽相同。目前，在宁夏民间，木球的打法主要有打木球、赶木球。

　　打木球，民间称谓不一，主要源于木球形如铆钉状，因此，打木球被称为打铆球。打铆球在宁夏主要流行于银川市灵武市、吴忠市利通区、盐池县以及宁夏南部一带，部分地方成立了专门的打铆球队。

　　打铆球没有严格的场地要求，选择在平坦的场地两头各挖直径约13厘米，深约10厘米的小坑，叫"牢坑"。铆球长约6厘米，直径3厘米，两头呈椭圆形，击球用的木板或木棍长约70厘米。打铆球比赛要求双方人数相等，一对一、二对二、三对三均可。比赛前先用"打砂锅"（宁夏民间游戏，与石头、剪子、布游戏相似）的办法决定攻方和守方。比赛开始后攻方一人站在"牢坑"边打一下，接着说："碰牢"，然后把球放在木板上，随即将球抛起击球，高喊"牛铆"。若是击中铆球，不论击多远，守方从落点拣起球，站在原地将球向"牢坑"掷去，攻方用木板拦击铆球护"牢"。若攻方将球击中，即用木板从"牢坑"边量到球落点的距离，两板距离计一个数。若攻方未击中球或守方把球投入了"牢坑"内，为死球，然后立即变换攻、守方。决定胜负是以计数多者为胜。比赛最后以"喝嗦"结束。"喝嗦"时，胜方出一人，一手持木板，一手拇指和食指钳球，如开球时"碰牢"方法击球，嘴喊"拦子"，球的落点至"牢坑"边的距离，为"喝嗦"的距离。由负方队员背着胜方队员从球的落点走到"牢坑"边，也有要求负方队员从球的落点单腿跳至"牢坑"边，边跳边喊，胜方认为"喝嗪"合格，宣布比赛结束。

赶木球，在宁夏民间，"赶"和"打"字表现的语境不一，强调的动作状态也不相同，赶木球强调将木球赶进目标区域。赶木球主要流行于宁夏银川市永宁县，尤其是永宁县杨和乡、纳家户、望远桥一带经常开展赶木球活动。赶木球场地可以随意选择，一般多在平坦的场地上。比赛开始前，在已选好的场地上挖一个直径为35厘米左右、深度20厘米左右的坑，这个坑成为"窑"，在距离"窑"约2~3米处挖数个直径为10~15厘米、深度10厘米左右的小坑，小坑成为"臼"。"臼"可用石块、砖块、瓦块代替，"臼"数比人数少一个。参赛人数一般由3~7人组成，每人在参赛前自备一根约一米长木棍，木球长15~20厘米，两头呈椭圆形。每人用棍的一端击木球一下，以垫球个数最少者为赶球人。赶球人确定后，其他人员站在"窑"周围，用木棍点在各自的"臼"上，这叫"护窑点臼"。"护窑点臼"人中一人用棍击球，将木球击出，赶球人必须迅速跟随木球至落点，将木球赶回来，尽最大可能赶到"窑"中，在赶的过程中嘴里还要吆喝。这时护窑人不但要尽力阻止木球进入"窑"中，还要把试图进入"窑"中的木球击远。在护窑人阻止木球入"窑"过程中，赶球人可以弃球改而偷袭"臼"，只要木棍点在"臼"上，就视为偷袭成功。若赶球人偷袭成功后，双方角色互换，赶球人变为护窑人，被偷袭的护窑人变为赶球人。与此同时，若护窑人未能阻止木球，赶球人将木球赶入"窑"，即为死球。这时，赶球人需从"窑"中拿出木球投杀，其他人则离开"臼"，围在"窑"前用棍护"窑"，赶球人投球入"窑"时，护窑人尽力将木球击出，若球被击出，赶球人继续赶球。若将木球投入"窑"中，那么所有人必须重新抢"臼"，任意用棍去点，点中的"臼"则占为己有，没有抢到"臼"的人则为赶球人。

方棋 方棋俗称"下方"，是宁夏各族群众喜爱的棋类活动，具有浓郁的乡土气息和民族特色。宁夏民歌花儿中唱道："漫上首花儿下盘方，解一解阿哥的心慌。"花儿唱词中的"方"即指方棋。2007年6月，宁夏公布的第一批31项非物质文化遗产代表作名录中，宁夏同心县方棋就是其中一项。2009年5

月宁夏公布的第二批非物质文化遗产代表作名录中，海原县和泾源县的方棋作为扩展地区入选。方棋在宁夏的同心、海原、原州区和泾源发展具有一定的群众基础。

方棋是根据围棋、象棋和其他民间棋类进行糅合创造而成的。下方棋用不着什么专业的设备和器材，没有专门的棋盘和棋子，也不需要裁判，只要两个人找一块平坦干净的地方蹲下或坐下，用树枝、石子或砖块在地面上画上横七竖八的交叉线，便成为42个方棋、56个棋眼的棋盘。"方"就是棋盘上的棋子摆成或走成彼此相连的正方形，每成一"方"，可吃对方一子，以成"方"多者为胜，故称"方棋"。

固瞥　在宁夏固原地区流行极为广泛，老少皆宜。固瞥的棋子通常用土疙瘩、石子、瓦片、木棍、桃核之类的，能区别开双方即可。在休闲和工作之余，老百姓在地上划一个正方形，其长约13厘米，宽为10厘米，再在正方形内划一个菱形。双方在自己的一边用3个小石子摆在3个落点上，一方先行，采用2个子挡对方1个子的方法，若能挡住对方1个子，使其走投无路，那就固住了，对方被吃掉1子。若一方被吃掉2子，只剩下1个子，比赛结束。

狼吃娃　部分地方称为"狼吃娃娃"，其表达意思差不多。"狼吃娃娃"是宁夏南部民间较为常见的棋类活动。"狼吃娃娃"的攻伐双方为"狼"和"娃娃"，所用的棋子通常都是生活中随手可得的材料，如土疙瘩、石子、瓦片、木棍、桃核之类，只要能标明双方即可。"狼吃娃"的棋盘通常用木棍、粉笔、白灰疙瘩、墨棒之类的在相对平坦的地上，画出一个横五竖五的方格，在横竖交会的点上布上棋子，两个人就可"开战"了。"狼"是3个"子"，"娃"是15个"子"，分别可用土块、砖块、石块、瓦片、柴棒扮演。"盘子"是在地面上画出长宽大体一致的5线格子。"狼"和"娃"阵营分明且各自占据一个交叉点。"狼"不同的是要隔一个交叉点布防。游戏规则是："狼"和"娃"都只能按规定的线路行走——全行横竖直线，一个交叉点一个交叉点地落脚，不许越位。"狼"吃"娃"时，"娃"的后边不能有"子"。"娃"则采取迂回包剿的战术围"狼"，只要几个"娃"将"狼"团团围住，使得"狼"无路可走，比赛结束。

打梭儿　也称"打木尖"或"砍尖",是宁夏民间的一项体育游戏。《宁夏体育志》记载:"一个打梭儿能手,在临近几个村子里人人皆知,成为青年人心中的偶像。据说清朝就有打梭儿这项活动,至少有一百年的历史了。""打梭儿"曾遍及宁夏城乡各地,回、汉、满等各族青少年都善"打梭儿",其流行之广可谓家喻户晓,老少皆知。[①]

早期由于交通闭塞,娱乐形式较少,打梭儿所需的场地器材比较简单。梭是用一小根15厘米长、鸡蛋粗细的圆木棍,把两头削尖做成的。相传早在清朝,就有打梭儿这项活动,流传至今至少有一百年的历史。梭儿长15厘米,中部直径2~3厘米,两头削成尖形。形状如织布的"梭",故得名"梭儿"。打梭用的木棍长60~70厘米,宽10~15厘米,擀面杖粗细,以比较结实、表面光滑、用起来称手为标准。两侧削成刃,但不锋利。在地面划直径约1米的圆圈叫"城",距圆圈10米处画一条横线,就可以开始游戏了。

打陀螺　在宁夏民间,俗称"打牛儿"。该项目流行于宁夏南部地区,老少皆宜。"陀螺"的出现历史久远,据考古发现,早在仰韶文化时期(距今五六千年)就有土陶制小陀螺。明朝刘侗、于奕正合撰的《帝京景物略》有"抽陀螺"的记述。

陀螺为木制的圆锥形,上大下尖,大小不一,将尖头着地,以绳绕螺身,然后旋转放开鞭绳,使陀螺旋转;或用手直接旋转陀螺,待陀螺着地,以绳抽之,使之旋转。打陀螺对场地要求不高,随意性较大,一般选择比较平坦的空地。场地不受限制,只要平坦即可,主要根据参加人数和水平而定。击打陀螺用的鞭子是用木棍和布条做成,根据自身身高状况选择木棍长度,大人用的相对较长,木棍一般长1米左右,拴上宽窄不一的布条即可。

打烙　普遍流行的体育活动,器材简单,场地方便,容易开展。烙,是用铜合金铸成的扁圆形金属体,直径7厘米,外沿厚度约0.3厘米,中间凸起的厚度约1厘米,重量约200克。

---

① 赵炳南,宁夏民间体育游戏——"打梭儿",体育文史,2001.

在打烀的场地上以30厘米为半径画一个圆圈，画出圆心，离圆圈外沿6米处画一条2米横线称为"虹"。打烀的人数不限，事先商定好参赛的人，每人拿出10~15枚铜钱（或其他小物品）作为基底。

爬木城　宁夏民间传统体育活动。以圆形粗木杆制成一个长约4米、高约3米的长方形木框，在木框中以横木数根等距离相间，呈长梯状，竖立固定于地上，称为"木城"。参赛双方在规定距离外，快速奔向木城，手脚依次攀登相间横木而上，以先攀到顶者为胜。

拔腰　宁夏群众在劳动休息时间进行的一种娱乐活动。拔腰比赛时设裁判一人，当裁判发出口令后，参加拔腰的两人相对站立，侧身各反搂对方的腰部。裁判员发出"开始"口令，两人同时用力，以先把对方的双足拔离地面者为胜。如对方未做好准备，拔起无效。一般比赛为3局2胜，每局时间不限，中间休息几分钟。

绊跤　类似摔跤，是宁夏各族群众喜爱的一项体育运动。农闲时在田间地头，青年人聚集在一起，常常进行绊跤比赛。比赛时一般都请一个裁判，裁判发出"准备"口令，参加比赛的两人出场，相对而立。裁判员发出"开始"口令，双方用双手分别抱住对方的肩部或腰部，用腿"使绊子"绊倒对方。绊跤比赛不限时间，只要一方的膝部、臀部或背部先着地者为负。一般采取3局2胜制。当地群众总结为："花花搂腰，一绊三跤"。

掰手腕　宁夏群众在休闲时经常进行体育活动。掰手腕比赛就是两人对抗，方法有卧式和坐式。卧式是二人爬卧在地上，各伸出右手（或左手），肘关节支撑地面，大臂与小臂之间呈直角，双方右手（或左手）相对而握，虎口握紧，不许扣腕。当评判发出"开始"口令，双方尽力将对方的手背压倒在地面上为胜。坐式是二人相对坐在凳子上，肘关节支撑在桌面上，大腿和小腿呈直角，比赛中臀部和脚掌不能移动，否则判犯规。掰手腕一般采取3局2胜制，每局3分钟左右，中间休息1分钟。

斗鸡　在少年儿童中广泛流行的一种体育游戏。参加游戏者以一只手或两只手抓起一只脚使腿呈盘形，以盘形膝盖当"鸡头"，另一条腿支撑跳动，用膝盖互相碰撞，故称"斗鸡"。

斗鸡以集体比赛为主，参加比赛的两队人数相等，也有技术高的一方人少，另一方人多一些。比赛前先确定两名队长，由队长用"打砂锅"或"大压小"的办法，挑选自己队员并安排先后顺序。人少时，一对一、二对二也可以斗鸡。

斗鸡比赛设有裁判，当裁判下达"准备"口令后，双方队员一条腿支撑，一条腿折叠呈盘形，用双手抓紧。当裁判发出"开始"口令后，两队除留1~2名队员看守营地外，其他人从营地出发，以支撑腿跳动，用折叠呈盘形腿的膝盖通过顶、压、闪、碰等动作攻击对方，一方或双方失去平衡双脚着地者，被淘汰下场。经过反复争斗，能获得对方营地实物返回自己营地者为胜。

二、竞技体育

宁夏的竞技体育经过几代体育工作者多年努力，竞技体育事业不断发展壮大，在自行车、射击、举重、摔跤、武术、射箭、航模等项目上取得了一定的优势，并具备了一定的竞争实力。同时涌现出一批为中国、为宁夏竞技体育增光的优秀体育人才，其中王新武、蒋鸿雁、丁玉龙、买玉祥、段洪俊、康晓伟、王艳梅、穆刚等为宁夏竞技体育作出了突出的贡献，为宁夏人民争得了荣誉。

1958—1997年，宁夏运动员在亚运会、世界锦标赛等国际比赛中，共获金牌6枚，银牌12枚，录取名次22个；参加了第一至第八届全国运动会，获得金牌2枚、银牌4枚、铜牌4枚，录取名次43个；参加全国正式比赛获金牌68枚；有18人39次破（超）27项世界纪录；有6人12次破8项亚洲纪录；有9人10次破10项全国纪录。

（一）自行车

自行车运动，尤其是公路自行车项目，是宁夏的优势体育项目。宁夏自行车队成立于1958年，经过科学系统的强化训练，技术水平和比赛成绩不断提高。至1997年，宁夏自行车队参加历届全国运动会获银牌1枚、铜牌2枚，第4~8名10个。参加全国锦标赛、冠军赛、多日赛等主要比赛共获冠军32个，奖牌数居全区所有运动项目之冠。先后有17名运动员代表国家队参加了奥运会、亚运会、世界锦标赛、亚洲锦标赛，有36名运动员获得国家级运动健将称号，他们为宁夏自行车运动的发展作出了积极的贡献。

（二）射击

射击运动是宁夏竞技体育的拳头项目之一，1958年11月组建了第一支射击队，在全国第一届、第二届运动会和全国比赛上获得3个录取名次。从1975年至1994年，参加全国历届运动会和全国比赛中获冠军9个，亚军14个，季军4个，录取名次33个。在全国分区比赛中获第1名34个，第2名33个，第3名26个。全队有6人参加国际射击比赛，获第1名14个，第2名1个，第3名4个，录取名次5个。2人3次打破亚洲纪录，4次打破全国纪录。1人获国际级运动健将称号，10人获国家级运动健将称号。其中，射击选手买玉祥，在1975年全国第三届运动会上，在男子小口径自选步枪项目的比赛中，以396环的成绩获得40发卧射第4名，并平全国纪录；在优秀射手混合队小口径步枪60发卧射团体比赛中取得第1名，并打破全国纪录，买玉祥也成为宁夏首破全国纪录的射击运动员。1981年10月，在福州举行的全国射击分项赛上，买玉祥在男子小口径自选步枪项目的比赛中，以388环的成绩获得跪射第1名。这是宁夏射击运动员在全国比赛中获得的第一个冠军。

（三）举重

举重是宁夏具有一定实力的强项。1984年11月，自治区体委组建了男子举重队，在1985—1987年参加全国比赛中，获第6名4个。1988年男子举重队解散。1986年组建的女子举重队，在1987—1994年参加全国女子举重冠军赛、锦标赛上，获冠军3个，第2名5个，第3名1个，第4至第6名18个。有7人获国家级运动健将称号。在1995年波兰华沙举行的首届世界青年女子举重锦标赛上，宁夏女子举重选手王艳梅，获得83公斤以上级抓举、挺举和总成绩3枚金牌，创3项世界青年纪录。1996年，王艳梅代表国家参加第二届世界青年女子举重锦标赛，获抓举冠军、总成绩冠军并打破世界纪录。1997年7月，王艳梅代表国家参加了亚洲女子举重锦标赛，以112.5公斤的成绩获83公斤以上第1

名，并创造了新的世界纪录。

（四）摔跤

摔跤运动是一项古老的格斗类项目，宁夏开展的摔跤运动有中国式摔跤、古典式摔跤和自由式摔跤。中国式摔跤一直是自治区历届运动会的比赛项目，在全国第三、第四届运动会和全国其他比赛中，宁夏摔跤队获得第2名1个，第5名2个，第8名1个。1983年组建了国际摔跤队（古典式、自由式），在全国比赛中获第2名7个，第3名7个，第4名至第8名25个。1985年10月，在全国第一届青少年运动会上，康小伟获87公斤级古典式摔跤比赛的第1名，1987年再获全国第六届运动会古典式摔跤130公斤级金牌。

（五）武术

武术运动在宁夏有着广泛的群众基础，自治区成立后组建了第一支武术队，在参加全国第一、第二、第三届运动会和全国比赛中，获冠军2个，第2名3个，第3名4个，第4名至第8名7个。王新武在1964年获全国武术比赛太极拳第3名、大刀第3名，1975年在全国第三届运动会上获太极拳比赛冠军。蒋鸿雁1959年获全国第一届运动会武术表演九节鞭二等奖，1963年获全国武术比赛九节鞭第6名和全运会武术表演优秀奖。拳师马振武1979年在全国武术观摩交流大会上获一等奖，1980年获优秀奖。1976—1997年，宁夏武术队在全运会和全国比赛中，获冠军2个，第2名9个，第3名7个，第4至第6名23个。参加全国邀请赛、协作区比赛，获第1名5个，第2名4个，第3名4个。

（六）射箭

射箭在宁夏有着悠久的历史。宁夏灵武市水洞沟古人类遗址出土的石镞，是最早的射箭器械。贺兰山岩画中表现古人类猎射和宁夏辖区内出土的各类弓箭都证明了射箭在宁夏古代存在和发展的历史。射箭运动在宁夏虽然起步较晚但进步较快。1984年初，宁夏开始筹建射箭队，在全区各市、县业余体育学校挑选运动员，经过短期试训，运动水平提高很快。1985年7月，在大连举行的全国青少年射箭比赛中，首次参赛的宁夏运动员段洪俊获个人全能第5名。在1986年全国射箭冠军赛中，段洪俊以621环获男子双轮70米第1名；同年5月，他又参加在保加利亚首都索非亚举行的国际射箭邀请赛，一人独得4枚银牌。在第十届亚洲运动会射箭比赛中，段洪俊与队友合作获男子团体第3名，打破亚洲运动会纪录，并以634环的成绩再破男子70米双轮的亚洲运动会纪录。1987年3月，在第34届世界射箭锦标赛上，段洪俊再次与队友合作获男子团体第3名，获国际运动健将称号。宁夏运动员马立志在全国第三届少数民族传统体育运动会上，获个人全能和90米双轮两个第2名。在同年10月举行的全国射箭锦标赛上，马立志以2496环的成绩获男子个人全能第1名，以696环获30米双轮第1名，打破了该项目的全国纪录。自1985年至1994年，宁夏射箭队参加全国锦标赛、冠军赛共获冠军5个，第2名5个，第3名8个，录取名次8个。3人获国家级运动健将称号，1人获国际级运动健将称号。

（七）航模

1960年，自治区体委国防体育俱乐部成立，设航空模型项目，主要以开展科普教育和辅导中小学生课外航模制作与放飞活动为主。1978年，自治区体委军事体育处组建了一支航空模型运动队。同年8月参加了在山西太原举行的全国第一届航空模型比赛。在21个代表队中，宁夏队获团体总分第18名。1980—1982年，宁夏航空模型队在全国无线操纵 F2D 航空模型锦标赛中，获冠军1个，第3名1个，第5名2个。1980年，在波兰举行的第二届世界线操纵航模锦标赛中运动员穆刚获第9名，1981年参加全国航模比赛获 F2D 国际线操纵空战航模型飞机个人第3名。

第三章　宁夏乡村移民文化

第一节　宁夏移民历史与文化

移民，自周朝至现在，都是一个永恒的话题。宁夏的历史发展，是伴随着移民的历程走过来的。对于宁夏的移民文化，不同的人站在不同的角度可以有不同的归纳和表述。如汪一鸣用"民族团结和睦共处的传统，开放包容友爱互助的品格，纯朴浑厚诚信待人的情性，不怕牺牲勇于担当的精神，以及体现于生产生活、社会活动各个方面的文化底蕴"概括；民盟宁夏区委则用"军旅特色""团结奋斗的精神""开拓进取、不畏艰险的精神""不同历史时期的宁夏历史文化风格和独有的特色""以民为本、天人合一的精神"等来表述。银川市总结出的"贺兰岿然，长河不息"则更为简洁。

一、古代宁夏移民与移民文化

宁夏从商周至明清的数千年间，辖区内民族众多，迁徙频繁。春秋战国以后，辖区内已有县的建制。此后，宁夏已成为多民族的重要地区。魏晋南北朝300年间，宁夏是各民族大融合的前沿，先后进入这里的有汉、匈奴、鲜卑、羌、氐、羯、敕勒、柔然等。公元前221年，秦始皇灭六国建立秦朝。大将蒙恬率大军深入河套开辟"新秦中"并置县管理。西汉时期，雄才大略的汉武帝再次进入河套，直达阴山脚下。在"新秦中"这块历史大舞台上演绎了第一次拉锯式民族大融合。东汉末年的羌族大起义，引发了新一轮少数民族内迁入主的契机。南北朝间数百年的历史，曾在宁夏辖区内先后建立过形式不同的地域性政权。它们是羌人滇零在宁夏平原建立的政权；鲜卑人万埃丑奴在固原建立的政权；匈奴人赫连勃勃在固原建立的大夏政权。北魏是鲜卑族建立的政权，是南北朝后期北方政权的集大成者，是继秦汉之后、隋唐之前的承前启后者。宁夏平原灌区的开发，不但使进入这里的少数民族定居下来，由游牧民族过渡到农耕民族，而且为隋朝的统一奠定了雄厚的经济基础。隋代和唐初，东突厥和薛延陀部先后控制过宁夏北端。贞观以后，宁夏南北安置过大量的包括突厥民族在内的北方众多民族，而且有自治性的特殊管理形式。安史之乱后，吐蕃、回纥、吐谷浑、党项等民族进入宁夏。吐蕃在宁夏南部驻军将近百年。五代和宋初，居住宁夏的民族主要有汉、沙陀、党项、吐蕃等。党项民族建立西夏国后，宁夏南部先后隶属于北宋和女真族建立的金朝统治。元朝，宁夏的民族构成又发生了变化，蒙古族和从中亚、西亚来的许多民族先后进入宁夏。由于特殊的军事地理位置，明代初年即开始了大规模的军事性质的移民屯田。这些军事性质的移民，不少成为宁夏当地人口的主体。明代宁夏实行卫所制，宁夏设五卫七所，共辖86屯堡，额定兵员5万，以苏皖人为主。明洪武九年（1376年）是宁夏民屯正式开始的时间。江淮、秦晋10万余人被迁移到宁夏河西一带，充实边防，移民屯田。明代在银川平原上因军屯而生成的近百个"屯堡"点，就是这样逐渐形成的，基本上都演变成了后来的乡镇，乃至县城。宁夏平原明代屯田对宁夏的开发，对中原王朝领域的扩大和巩固起了重要的作用。明代以后，宁夏的各民族迁徙大体稳定。到了清代，满族又成为宁夏的少数民族。

古代历史变迁中的宁夏地区一直是一个民族融合的大舞台。民族融合本身就是文化融合，因为文化的生成与传播主要是由人来完成的，移民与战争的过程，为移民文化的融合展示了更大的背景和空间。

二、近代宁夏移民与移民文化

近代宁夏多灾多难。在清朝同治年间至民国初年的60年间（1862—1920），频繁的战乱和严重的天灾使宁夏人口急剧下降，除咸丰、同治年间的反清斗争、历经辛亥革命和军阀战争外，民国初年的两次大地震，也使宁夏人口锐减。1920年12月16日，海原县发生8.5级特大地震，20多万人死亡。1929年，宁夏建省后至中华人民共和国成立前宁夏人口的发展进入相对平稳阶段。这段时期，宁夏辖区内的战乱减少，生活相对安定。本地居民稳定增长。由于实行"招垦荒地，奖励生产，复兴农村"的政策，调动了垦荒者的积极性，也吸引了大批的外省移民进入宁夏，主要以周边省份无地少地农民和躲避战乱的难民以及中原地区难民为主。

1920—1940年间，中原地区不断发生水旱灾以及蝗虫等灾害，大量的流民涌入宁夏，同时因为抗战爆发，也有大量来自沦陷区的难民进入宁夏，他们主要来自陕西、河南、山西、内蒙古、安徽等地。大量的灾民沿陇海线经陕西辗转进入宁夏，部分由内蒙古包头进入宁夏地区。1939年，国民政府又从甘肃天水迁移两万难民进入宁夏从事垦殖。宁夏在抗战期间属大后方，对于中原战区的人来说有很大的吸引力，根据现有资料，这些人都停留在宁夏北部地区，从而使宁夏北部人口增加较快，1935年宁夏人口数约为一百万人是1928年的2.2倍。同期宁夏南部人口增长缓慢，属于本地人口自然增长。另外，民国军事移民有相当的数量，而且因移民整体地位较高，对宁夏近代社会影响较大。民国，宁夏人口迁徙的一个显著特征是人们在本省地区内流动，又以政治因素为导向。

近代，宁夏没有发生大规模的人口迁徙，移民没有再发生周期性的波动，人口发展趋于稳定。人口变动仅表现为数量变化。大体上由原来的150万人降至清末的50万人，而到民国初年又回升到100万人以上。但是增加人口大部分为定居人口的自然增长。

三、当代宁夏移民与移民文化

由于时代背景、历史原因不同，当代宁夏移民历史的内容和特征与宁夏古代、近代移民历史的内容与特征有着明显的不同，移民类型的多样性、大进大出成为此阶段的突出特点。

（一）解放初期宁夏的移民和特点

解放初期，宁夏红色政权需要大量的各领域的干部充实到各个岗位上。为解决宁夏的干部问题，从十九兵团、三边支队、陕北根据地、回汉支队、回民骑兵团及外省区抽调大批干部。1951—1954年，从外省区又陆续调配了一批干部到宁夏，充实到各部门中。1958年，宁夏回族自治区成立之际，先后从外地调入文化、教育、卫生等各级各类干部占自治区干部总数的31.6%。在开发大西北的号召下，北京、上海和浙江等地大批移民来到宁夏，以农业生产为主投入到艰苦的劳动之中。同时，全国各医学院、护校和天津支宁的医务人员成为分配到宁夏医药卫生系统的主要力量，中华人民共和国成立之初从陕西、湖南、广东、江苏等省押解来了一批罪犯建立了劳改农场，也成为宁夏当代移民屯垦的一部分。另外，因灾逃荒的灾民也有部分留在了宁夏。

20世纪50年代为迁入人口增长幅度最大的时期。尤其是1958年和1959年两年迁入人口高达44万人。10年间，由区外迁入人口为106.51万人，年均迁入率67.18%，迁往区外人口为54.16万人，年均迁出率34.16%。净迁移人口为52.35万人，年均净迁徙率33.02%。

（二）20世纪60年代宁夏的移民和特点

20世纪60年代宁夏移民浪潮具有四大特点：一是知识青年上山下乡浪潮的兴起，使大批浙江、北京等地的知识青年来到宁夏，从事农业劳动，也使宁夏城镇的知识青年开始迁移到宁夏的农村，从事农业劳动；二是"三线"建设与工业移民的需要，大规模地从外省整体迁移工厂及人员到宁夏，使宁夏的工业得到迅猛发展；三是大量浙江等地移民回流；四是大量的中央机关干部到宁夏，在"五七"干校从事农业劳动，使高级干部云集宁夏。20世纪60年代为迁出人口最多的时期。受20世纪60年代初经济困难的影响，大量压缩城镇人口，严格控制乡村人口进城。20世纪50年代迁入人口大量返迁。1960—1962年是迁出人口最多的年份，三年共迁出人口近53万人。1965年后，尽管宁夏接受大批外省知识青年、干部，但因受60年代初迁出人数多的影响，致使20世纪60年代净迁移人口为负数。10年间，由区外迁入人口86.11万人，年均迁入率38.52%，迁往区外96.53万人，年均迁出率43.18%，净迁移人口 –10.42万人，年均净迁移率 –4.16%。

（三）20世纪70年代宁夏的移民和特点

20世纪70年代为迁移人口增幅较小的时期。这期间，体力劳动力趋向饱和，迁入人口绝对量明显减少。主要为一部分外省农村人口通过投亲靠友等渠道迁移至宁夏引黄灌区的农场、农村，也有部分迁移至城镇工作，到外省下乡的知识青年陆续返迁宁夏。20世纪60年代后期由外省迁移至宁夏的大部分知识青年和干部又陆续返回。总体上看，迁入人口还是比迁出人口多。10年间，由区外迁入人口25.13万人，年均迁入率7.93%，迁往区外12.92万人，年均迁出率4.08%，净迁移人口12.21万人，年均净迁移率3.32%。

（四）20世纪80年代宁夏的移民和特点

20世纪80年代为迁移人口增幅较稳定时期。从1984年开始，宁夏有组织、有计划地开展人才引进、劳务输出、商业移民。这期间，在认真贯彻执行计划生育政策的同时，加强了人口迁移变动的管理工作，使人口迁移工作趋向制度化、正常化、计划化。迁移人口由过去偏重于劳动型迁入转为偏重生活型迁入，重点解决了长期在宁夏工作的职工、知识分子等家属子女的随迁问题。1982—1985年批准5万余名煤矿职工家属来宁落户定居，1981—1985年又批准4万相当于工程师一级职称的知识分子家属落户团聚。全国各地大量大中专毕业生被分配到宁夏，成为各行各业的骨干力量。宁夏吊庄移民始于20世纪80年代初期，从1983年起，由自治区统一规划，先后建设吊庄移民23处，还有一些插户联办的吊庄移民基地，搬迁中南部山区贫困农民32.8万人，就地旱改水安置8.4万人，共计搬迁移民41万余人。

10年来，由区外迁入人口31.92万人，年均迁入率7.02%，迁往区外16.25

万人，年均迁出率3.57%，净迁移人口15.67万人，年均净迁移率3.12%。另外，随着改革开放以后商品经济的发展、农村家庭联产承包责任制的普遍实行、粮食等食品的放开供应，大量农村富余劳动力涌入城市，城市非户籍人口迁移呈现热潮。城市中的农民工和从事个体经营的农民成为新的移民。由于二元户籍制度仍然存在，绝大多数农民工的户口仍然在农村。由于工作的不稳定性，其迁移地区经常变动，大部分属于半农半工，农忙时回农村务农，农闲时进城务工。这种迁移具有季节性的候鸟迁移特征。

（五）20世纪90年代宁夏的移民和特点

20世纪90年代宁夏移民为迁入人口明显增多时期，随着社会主义市场经济的发展，大量从浙江、陕西、甘肃、河南、四川等地迁移来从事工业、商贸活动的移民人口，如温州商城的建设和开业，便是温州人在宁夏商业发展的一个体现，他们已融为宁夏社会的一部分。银川市及各市县纷纷出台户籍改革措施。计划经济时代实行的户口管理机制束缚逐渐弱化。人口迁移表现出强烈的经济型、自主型 。政府从干预型、组织型向引导型、服务型转变。20世纪90年代后期开始，吊庄移民开发建设转向以宁夏扶贫扬黄移民开发工程建设为主。另外，对近万人的军队转业干部的安置，至少带来四五万人的移民。

工程实施以来，由区外迁入人口为32.89万人，年均迁入率6.45%，迁往区外人口14.47万人，年均迁出率2.84%，净迁移人口18.42万人，年均净迁移率3.61%，区外净迁入人口多于20世纪七八十年代。

（六）2000年以后宁夏的移民和特点

2000年以后，尤其是"西部大开发"号角吹响后，吸引了许多有资金实力、技术水平的企业和个人来宁夏发展，产生了新的移民。目前宁夏有来自全国各地的人，据公安部门2000年对银川市人口进行统计调查，祖籍银川的人口只占12.9%，其余全部来自外地，银川已成为一个典型的移民城市。按照规划，到2030年，银川市人口将发展到300万，城市建成区面积将达到376平方公里，成为西北地区适宜生活居住和创业的现代化区域中心城市。

2000年以后，众多的移民者为宁夏的经济发展作出重要贡献，而同样重要的是他们共同为宁夏注入了新的精神内涵。浙江人的精明创新，四川人的吃苦耐劳，河南人的敢闯敢干，这些品质的汇聚给宁夏带来深刻的影响。来自上海等地的移民，在宁夏人的粗犷豪放中注入了江南的细腻与温柔。工业文明的生活观念和生活方式进入了宁夏人的社会生活。

四、小结

翻开宁夏社会发展的历史，移民的脚步似乎从未停止——从建设美丽富饶的"新秦中"，秦朝首开移民屯田先河，到汉代驱逐胡虏、垦荒戍边大规模移民屯田，南北朝时期移民开发"塞北江南"，隋唐五代广务屯田亦兵亦农，宋夏时期开垦荒田，且耕且战，元明两朝迁五方之人以实之，清代宁夏就近移民辟地万顷、安户万余，民国兵荒马乱奔朔方。

回望当代宁夏，移民大潮又显示出大迁徙、大流动、大进大出的时代特点——无私支援边疆开发，支宁、支边、知青人员为宁夏建设作出巨大贡献；谱写移民农业开发与农垦移民的新乐章；"三线"建设时期，工业移民蜂拥而来；丢掉贫困落后的包袱，扶贫开发与吊庄移民走进城市、迈向现代化……

从古至今，伴随着人口迁徙。经济和文化相对发达的中原和江南地区的移民，尤其是"知识移民"来到宁夏，不仅带来了先进的生产技术，更为重要的是，在自觉和不自觉当中，带来了新的文化价值观念和生活方式，这种外来的文化与宁夏原有的地域文化在一个时期里碰撞、冲突、渗透、最终相互融合，从而积淀和形成了一种全新的文化——移民文化。移民文化作为一种精神的积淀，它作用于宁夏的社会历史进程之中，同时，作为一种特殊年代里所形成的精神文化，它对宁夏人的当代生活产生着不可忽视的影响。比如吃苦耐劳的精神、追求和重视知识的信念、勤于思考、勇于创新的生存智慧，以及融汇百家之长的包容精神，使宁夏人民受益无穷。

第二节　宁夏当代移民的现状及文化

　　宁夏的历史就是一部移民开发史，移民开发作为一股持久的动力，推动着宁夏的历史不断发展前进。秦汉时期，军事移民的盛行有效抵御了外族的入侵；唐宋时期，党项民族的两次内迁最终成就了强大的西夏王朝；元代，大规模政策性移民迁入极大地促进了区域经济发展；清代，政治引发的强制性移民奠定了今日宁夏地区人口的分布格局。时过境迁，移民的背景、形式和目的都发生了深刻的变化，20世纪末至21世纪初期发生的生态移民开发作为一个新的历史话题，在宁夏重新上演。

一、宁夏当代移民搬迁概况

　　生态移民是指为了保护或者修复某个地区特殊的生态环境而进行的人口迁移。生态移民也指因自然环境恶劣，当地不具备就地扶贫的条件而将当地人民整体迁出，当地人民失去生存的基本条件，因而不得不迁往他乡，实施易地生态移民扶贫开发。宁夏的生态移民，就是实施有土地有水源安置，移民仍以从事农耕业为主。一是开发土地集中安置。银川北部平原结合现代农业示范区（基地）、引黄灌区节水改造、调剂国有农林牧场耕地等重大项目安置移民。二是适度集中就近安置。选择靠镇、近水、沿路的区域建设大村庄，通过对原有耕地进行改造，安置移民。三是因地制宜，根据实际情况引导移民通过投亲靠友等多种形式实施安置移民。

　　宁夏中南部地区9县（区），是国家曾经确定的14个集中连片特困地区之一，也是宁夏脱贫攻坚的主战场。经过三十多年的扶贫开发，累计减少贫困人口290万人。宁夏"十二五"规划对中南部地区7.88万户34.6万人实施生态移民搬迁，五年间已经搬迁安置移民32.96万人，完成生态移民搬迁规划的

95.26%。在"十二五"期间,建档立卡贫困人口从2011年的101.5万人下降到2015年年底的58.12万人。从2013年开始,自治区制定出台了对历次移民迁出区1272.1万亩土地进行生态修复和保护的意见,其中实施封禁保护自然修复879.7万亩,安排人工生态修复380.1万亩,宁夏生态移民工作实现了贫困农民脱贫致富和生态修复的双赢。

二、宁夏当代移民的起因和历程

以宁夏芦草洼和平罗县隆湖移民吊庄开发建设为标志,正式拉开了吊庄移民的序幕。"吊庄"是晚清、民国时期西北黄土高原地区的一种农业经营方式,农民定居在一个村庄,但到另外一个地方垦种土地,故称为"吊庄"。刚开始的移民"吊庄"实行的是两头有家、来去自由的政策。2000年,移民吊庄被正式移交给宁夏引黄灌区实施属地管理,吊庄移民阶段正式结束。2001年,宁夏政府颁布了《关于实施国家易地扶贫移民开发试点项目的意见》,这一国家易地扶贫搬迁宁夏试点项目纲领性文件的颁布,标志着宁夏移民工程由吊庄移民阶段步入生态移民阶段。宁夏生态移民先后经历了国家易地扶贫搬迁移民(宁夏试点)、宁夏中部干旱带县内生态移民和宁夏中南部地区生态移民三个发展阶段。"十二五"期间,宁夏回族自治区政府决定对宁夏中南部地区35万人实施移民搬迁。各市县根据实际情况,采取开发土地集中安置、适度集中就近安置、因地制宜插花安置、劳务移民无地安置等灵活多样的办法对移民进行安置,规划通过多种移民形式,确保移民"搬得出、稳得住、能致富"。

生态移民的开发历程始于1982年,国务院决定开始实施"三西"农业建设项目,以根本解决甘肃、宁夏两省集中连片特困地区群众的温饱问题。1983年,宁夏政府制定了"兴河套之利,济西海固之贫"的策略,动员宁夏中南部地区缺乏基本生存条件的群众,搬迁到资源更为丰富的有灌溉条件的荒地上进行开发性生产建设。自此,宁夏扶贫工作实现了由救助式向开发式、由输血型向造血型的有利转变。

三、宁夏当代实施移民的现状

（一）宁夏贫困地区现状

1. 宁夏贫困地区基本状况

宁夏中部干旱区和南部山区合称为中南部地区，被国家确定为六盘山集中连片特困地区，包括原州区、西吉县、隆德县、泾源县、彭阳县、海原县、同心县、盐池县、红寺堡区等9个国家级扶贫开发重点县（区），也是我国14个集中连片特殊困难地区之一。

从20世纪80年代开始，先后实施了五次大规模的移民搬迁，其中：吊庄移民19.8万人、扶贫扬黄灌溉工程移民30.8万人、国家易地扶贫搬迁工程14.72万人、中部干旱带县内移民15.36万人、"十二五"生态移民32.96万人，累计搬迁移民113.64万人，截至2016年末，宁夏9个贫困县区建档立卡贫困人口还有41.8万人。"十二五"期间生态移民实现了扶贫开发与生态建设的双赢，为民族团结、社会和谐稳定作出了贡献。

2. 宁夏贫困人口状况

（1）贫困人口规模大

2016年，宁夏中南部各县区对贫困人口作了一次彻底的摸底调查，按照国家的贫困标准，宁夏中南部9个县区贫困人口为41.8万人，贫困发生率为9.7%，宁夏中南部地区贫困人口规模大，贫困人口较为集中。

（2）贫困人口分布面广且呈大集中小零星式格局

宁夏中南部9个县区除红寺堡区外，其他8个县区贫困人口主要分布于六盘山外缘核心区、地质灾害区、生态脆弱区、交通偏远区、干旱缺水区。从区域内部来看，贫困人口居住又十分分散，"一村一片区，一户一山头"现象十分普遍，从一个山头到另一个山头，看不到几户人家。

（3）贫困人口分布于自然条件恶劣区

宁夏贫困人口主要分布在中部风沙干旱区和南部黄土丘陵沟壑区，这里沙化土地广布、水土流失严重，生态环境容量有限，旱灾、沙尘暴、滑坡、泥石流等自然灾害频繁发生，是全国最干旱缺水的地区之一，也是我国自然条件极为严酷、一方水土养活不了一方人的贫困地区之一。虽然生态移民工程取得了可喜的成绩，但仍有41.8万贫困人口居住在地质灾害隐患严重、生态极端脆弱和生存发展环境恶劣的干旱山区和部分阴湿山区，这里自然条件恶劣，经济社会发展缓慢，是我国水土流失最严重、生态环境最脆弱、贫困程度最深的地区之一，也是国家脱贫攻坚的主战场之一。

（4）贫困人口结构特征

宁夏贫困人口主要特征是低收入、大家庭、高龄化、低文化程度、无技能、"等、靠、要"思想严重。中南部地区的西吉、海原、泾源等县农民人均年纯收入仅1800元左右，其中包括了大约30%左右的外出务工收入。从年龄结构看，41~60岁所占比例最多，占48%；60岁以上占8%，由于进入老龄化阶段，体力和能力等各方面大有下降趋势；18~40岁所占比例为28%，其中男性多在外务工。从受教育水平来看，小学以下的约占60%，初中及以上的占30%~40%；年龄越大其文化程度越低，1975年左右出生的人基本为文盲或小学，1980年以后出生的人基本为初中。从家庭规模来看，最多者达八口，甚至是四代同堂；最少者为孤寡老人，他们以低保维持生计；以五口居多，一般为父母和三个孩子。从掌握技能来看，仅有2.3%的贫困人口尚有泥砖、电焊、装潢等一技之能。

（二）宁夏生态移民开发情况

2000年中央提出，在西部地区对一部分生活在自然条件严酷、资源贫乏、生态环境恶化地区的贫困人口，实行移民搬迁，易地安置，使扶贫开发和生态环境建设进一步有效结合起来，宁夏是我国生态移民试点地区之一。生态移民按移民搬迁形式划分为两种。一是整村搬迁移民。宁夏易地扶贫移民的主要来源是水源涵养林区、当地交通闭塞、生产水平低、人口超过了土地承载能力。采取整村搬迁的形式，将群众搬迁到条件较好的扬黄灌区，为这部分群众脱贫致富创造了有利条件。同时，对迁出区，除留一两间较好的房屋做护林点以外，对住宅区拆除平整，拆除电力线路，保留村庄道路，原村庄占地全部按退耕还林草工程的要求，退耕造林，真正达到了人退林进，恢复生态，造福子孙的目的。二是自愿搬迁移民。水源涵养林区边缘和风沙治理区，水土条件和生产生活条件相对较好，但人口、资源的矛盾仍十分突出，对这部分区域的群众，采取自愿搬迁的原则，迁移出部分人口，使当地人口、资源的矛盾得到缓解。生态移民是由政府主导的，政府有组织地把生态恶化地区或自然保护区的人口迁移出来，以恢复和保护生态环境为主要目的，同时兼顾扶贫和提高经济收入。这种类型的移民，既体现了生态移民的原因，也体现了生态移民的目的。

（三）宁夏"十二五"生态移民实施效果

"十二五"期间，宁夏生态移民搬迁工作按照"搬得出、稳得住、能致富"的总体目标，稳步推进、健康发展，取得了阶段性成效，探索出了一条山川共济、以城带乡、以工促农，具有宁夏特色的生态移民成功之路。

1. "十二五"生态移民搬迁完成情况

宁夏"十二五"期间规划对中南部地区7.88万户34.6万人实施生态移民搬迁，涉及9个县（区）91个乡镇684个行政村1655个自然村。为加快脱贫攻坚进程，2011年宁夏启动了"十二五"中南部地区易地扶贫搬迁工程。在国家的大力支持下，在自治区党委、人民政府的坚强领导下，各地各部门精心组织、奋力拼搏，易地扶贫搬迁工作取得明显成效。截至2016年，宁夏累计完成投资123亿元，通过土地权属处置批准安置区用地9万亩，批复建设移民安置区161个，建成移民住房7.75万套，搬迁安置移民7.65万户32.9万人，完成"十二五"生态移民规划任务的95.26%。

2. 生态移民职业结构

移民区通过大力发展设施农业、特色种植业、高效养殖业，使移民群众彻底从过去低效农业生产中解放出来；鼓励移民依托靠城、沿路居住的便利条件，从事加工、运输、建筑、餐饮、商贸以及旅游服务等二三产业；通过培育发展劳务产业，培育特色产业，完善商贸服务设施等致富产业，培育后续发展产业。据调查统计，在生态移民中，大约有20%的搬迁户从事第三产业，

45%的搬迁户从事劳务输出，35%的搬迁户从事种植业和养殖业，劳务输出成为生态移民增收的主要方式。

3. 生态移民收入稳步增长

为了保证农户搬得出、稳得住、能致富，在移民安置时把培育产业作为重中之重，因地制宜积极有效地促进移民产业发展。通过技能培训提高移民的生产技能，多方面多途径拓宽增收渠道和致富空间。移民人均收入由原来的每年1678元提高到现在每年3415元。移民年人均纯收入在2000~2400元的占搬迁总数的12.6%，年人均纯收入在2400~2800元的占搬迁总数的45%，年人均纯收入在2800元以上的占搬迁总数的42.4%。

4. 生态移民增收途径明显拓宽

引导移民发展特色种养、交通运输、商贸服务等多种经营，拓宽增收渠道。加强移民实用技术和务工技能培训，提高转移就业能力。引进企业在移民安置区投资建厂或建设农业生产基地，发展劳动密集型产业，吸纳移民就近务工。移民收入结构明显变化，务工收入占家庭总收入的67.8%，种养收入占总收入的23.5%，转移支付等其他收入占总收入的8.7%，形成特色种养收入为基础、劳务收入为主体的增收格局。移民收入水平稳步增长，绝大部分移民已初步跨越贫困线。移民村累计建设养殖圈棚3.19万座，大中型拱棚1.28万亩，日光温室0.35万亩；发展马铃薯、枸杞、葡萄、中药材等特色种植21.68万亩；开展移民培训12.55万人次，实现务工就业11.85万人。

5. 区域收入不平衡性相对减弱

"十二五"期间，尽管宁夏城乡居民收入、山区农民可支配收入差距继续呈现不平衡的态势，但区域不平衡性相对减弱。2010—2015年，宁夏城乡居民收入绝对差距从9967.9元扩大到16067.3元，沿黄灌区与中南部地区农民可支配收入绝对差距由2010年的2610元增至2015年的4002.7元。但城乡收入比从2010年的2.94：1下降到2015年的2.76：1，灌区与山区收入比由1.72：1降为1.59：1，差距均呈现出相对缩小的态势。

6. 生态移民迁出区生态修复状况良好

移民搬迁后，人为破坏生态环境的行为明显减少，大大减轻了迁出区的生态环境压力，既巩固了退耕还林成果，又达到了恢复生态的目的，实现了脱贫致富与生态建设的双赢，促进了人与自然的和谐发展。通过实施固原和中部干旱带黄土丘陵地区坡耕地水土流失综合治理工程，在葫芦河、茹河、洪河流域和海原、同心、盐池南部划定水土流失重点治理区域，实施封山禁牧，加快了植被恢复。实施海原、同心、灵武、盐池北部沙漠化治理工程，进一步完善和落实退牧还草政策，综合治理退化草原、恢复草地植被，有效遏制了生态环境的恶化。2013年，宁夏回族自治区制定出台了对历次移民迁出区1272.1万亩土地进行生态修复和保护的意见，其中实施封禁保护自然修复879.7万亩，安排人工生态修复380.1万亩。对12.3万亩原水域、水利设施和道路进行保护。人工生态修复中，林业工程造林76万亩，经果林2.1万亩；草地建设与保护工程人工种草56万亩，补播改良244万亩。通过自然修复与人工治理相结合，全面加强生态移民迁出区生态建设与修复，切实改善了生态移民迁出区的生态环境质量。

（四）宁夏"十二五"生态移民取得的主要成效

1. 大幅改善了贫困群众的生产生活条件

移民搬迁到近水、靠城、沿路的区域，安置区基础设施配套完善，实现了"七通八有"，移民就近务工方便，饮水安全得到保障，子女享受到良好教育，医疗设施基本齐全；移民居住集中，公共服务设施建设、运行成本降低，政务服务质量提高，人居环境极大改善。移民基本生产生活条件得到根本改变，为移民群众奠定了脱贫致富的基础。

2. 切实促进了水土资源利用效率

在引黄灌溉区开发利用荒地安置生态移民，促进了引黄扬黄灌区土地资源的合理开发和有效利用，实现了扶贫和开发双赢的目标，发挥了最大的投资效益。通过对所有生态移民村发展高效节水农业，采取喷灌、滴灌、小管出流等多种高效节水模式，经济效益明显提高，使有限的水资源得到了充分利用。

3. 特色产业发展初具规模

为促进生态移民增收致富，各县区采取多种措施，大力支持移民培育发展设施种养业、节水农业，引导移民走优质、高产、高效的现代农业路子，彻底改变了移民群众广种薄收、靠天吃饭的传统农业发展方式。同时，加大剩余劳动力转移就业力度，引导移民从事劳务输出、商贸流通、交通运输等服务业，拓宽了移民致富渠道。

4. 社会管理明显加强

各移民安置县（区）把加强移民新村社会管理放在重要位置，统筹推进，着力解决社会管理滞后问题。各迁入地都建立健全了移民新村基层各类组织和两委班子，配备得力村干部，落实各项制度，加强移民新村社会管理，和谐稳定的移民新村正在形成。

四、宁夏扶贫开发与生态移民文化

宁夏中南部地区9县区，是国家确定的14个集中连片特困地区之一，也是宁夏脱贫攻坚的主战场。经过三十多年的扶贫开发，历经"三西"农业建设（1983—1993年）、"双百"扶贫攻坚（1994—2000年）、千村扶贫整村推进（2001—2010年）、百万贫困人口扶贫攻坚（2011—2015年）四个阶段的扶贫开发，宁夏中南部贫困地区累计减少贫困人口290万人，建档立卡贫困人口从2011年的101.5万人下降到2015年底的58.12万人，贫困发生率从74.8%下降到14.5%，实现了贫困地区脱贫致富与生态建设的双赢。

红寺堡是全区最大的生态移民扶贫区，自1998年开工建设以来，至今已有20年的发展历史，昔日的不毛之地成为了今日的瀚海绿洲。从本质上说，红寺堡的移民，是扶贫开发的产物，与历史上的政治移民、军事移民和文化移民不同，他们没有"强制""失意""负罪""背井离乡"的悲戚和痛苦；相反，倒是多了对往昔苦熬苦挣岁月的勇敢舍弃和对未来美好生活的真诚向往与追求。

在宁夏现代新移民的大规模搬迁过程中，创造出了独特优秀的移民文化，其中许多动人、感人、震撼人的场面，许多可歌可泣的英雄事迹，许多翻天覆地的迁建变化，为后人留下了丰富和宝贵的精神财富，是一部鲜活的移民文化史。

第三节　移民文化适应

民族迁徙与民族文化的相互影响，不仅是中华民族各个原始族群特有的文化现象，也是人类社会带有普遍性的历史现象。不间断的外来移民，为宁夏带来的是不断融合、不断更新的多元文化的丰富内涵，对宁夏的历史文化交融产生积极的影响。在宁夏移民文化根植于经济社会发展过程中，创造出具有时代特色的移民文化。

一、移民文化的形态演变

移民文化的独特之处在于开放与兼容。对外来文化的接纳和融合，构成了移民文化的开放性；对本土文化的改造和再塑，构成了移民文化的兼容性。对于研究者而言，不仅要关注移民文化的文化特征，同时也要关注移民文化的形成过程。考察移民文化的形成过程，就要关注移民文化的形态演变，特别是在其形态演变过程中所面临的外在环境与内在机制。移民文化的形成和发展就是外来文化与本土文化的碰撞、交融和再生。在这一过程中，文化记忆是移民文化生生不息的源头，文化再生是移民文化不断发展的动力。

（一）承载与传播：文化记忆与文化迁徙

个体作为文化承载者，在文化迁徙的过程中扮演着非常重要的角色。移民个体所携带的文化记忆，源于个体对迁出地文化的认知，是个体对原生文化的眷恋。文化的传承所依赖的重要机制之一就是习俗的强大惯性。习俗作用于个体，让其习惯于固有的文化模式和生活方式，个体助推原生文化进一步传承与传播。正如鲁思·本尼迪克特在《文化模式》中所论述的那样："落地伊始，社群的习俗便开始塑造他的经验与行为。到咿呀学语时，他已是所属文化的造物，而到他长大成人并能参加该文化的活动时，社群的习惯便已是他的习惯，社群的信仰便已是他的信仰，社群的戒律便已是他的戒律。每个出生于他那个群体的儿童都将与他共享这个群体的那些习俗，而出生在地球另一面的那些儿童则不会受到这些习俗的丝毫影响。"这是习俗的重要作用，是文化对个体的重要影响，是移民受制于原生文化的重要机制。更为重要的是，习俗文化对个体的影响并不会即刻消失，而会转变为个体的文化记忆，甚至会伴随个体的生命历程。强调文化记忆在移民文化中的作用，目的是要认识文化在空间维度上的变迁。

移民的迁徙过程也是文化的流动过程。历史上几次大规模的移民都伴随着文化的流动，并对迁入地的文化发展产生实质性的影响。例如，在清代至民国时期发生的"闯关东"移民潮，就是中原文化从中原地带向东北地区一次大规模的流动。大量中原移民的涌入，对东北地区的社会风俗产生了深刻的影响，甚至在语言文化、伦理观念等深层次领域也产生了冲击。这是大规模移民引发文化流动的典型案例。时至现代，类似于"闯关东"这样的大规模定向移民已不多见，更多的是城市化进程所带来的新型移民城市聚集。

城市化所带来的移民潮背后也伴随着文化的流动，只是这种文化流动与再生的模式更为复杂、更为多元。一方面，这是由于城市文化本身就是异质文化，是多种文化的聚集与融合，具有复杂多元的特点。另一方面，文化的地域性强化了这种复杂多元的特点，我国南北文化差异、东西文化跨度、多民族文化交织使得新型移民城市的文化多样性进一步凸显。

从文化记忆到文化流动，是移民文化演变的第一阶段，是移民文化的"前奏"，也是移民文化得以形成的根源和动力。文化记忆承载的是移民个体或移民群体对迁出地文化的认知与理解，既是对故土的眷恋，又是对新生活的向往。文化流动能够发生的根源在于文化记忆，文化流动是文化动态性的表现，也是文化生生不息的展示。

（二）传承与融合：文化流动与文化再生

随着移民从迁出地转入迁入地，移民文化也开始生成。移民文化的形成，得益于移民的文化记忆以及文化本身的发展与再生。动态性与生成性是移民文化的重要特点。建立在文化流动基础上的移民文化，不是移民对迁出地文化的简单复制，也不是对迁入地文化的全盘接纳，而是文化记忆与本土文化的融合及再生。移民文化的生成是时间累积的结果，也是外来文化与本土文化碰撞的结果。

移民文化的动态性，是指移民文化总是处于动态发展的过程中，主要表现在移民流动所带来的文化流动与移民文化本身的不断融合发展。移民和文化流动之间有着因果联系，移民是造成文化流动发生的主要原因之一，文化流动是移民所带来的结果之一。移民文化生生不息造就了文化之间的传承与传播，促进了文化的交流与繁衍。可以说，动态性是移民文化的重要特性，是移民文化区别于其他文化形态的特点之一。当然，对于移民文化的研究，特别是对移民文化形态演变的研究，要建立在对移民文化动态性的分析基础之上。

移民文化的生成性，是指移民文化总是处于一种自我更新的状态。由于新的文化要素不断介入，使得移民文化本身成为源头活水，具有十分旺盛的生命力。这既有外在因素的影响，也有内在因素的作用。不同文化之间的碰撞，催生了移民文化在开放与兼容之中不断生长。移民文化的生成性，在国际化与全球化不断推进的当代更具有现实意义。跨地区的文化交流和多元文化的交融互通是当代社会的文化特征，这就要求移民必须具备一定的跨文化能力和超文化认同。可以说，移民文化的生成性是其保持自身活力的重要因素。

在移民文化的演变过程中，完成从文化迁徙到文化再生的关键是新民俗的诞生，也就是移民新的生活方式的确立。新民俗的诞生就意味着移民个体或群体已经在新的聚居地确立了一种新的生活方式，不仅是日常生活的方式，也包含了文化生活、精神生活的方式，总体上已经形成了约定俗成的共识。

这一过程在民俗学研究中也被称为习俗惯制。习俗惯制的形成，就代表着移民群体开始创建新的社会生活规范，逐步完成文化再生。

文化再生的关键是新民俗的确立，是新的社会规范的建立。新民俗确立的前提就是移民所携带的文化记忆在完成文化迁徙的过程之后所形成的新文化，是原生文化与本土文化的融合。从认识论的角度来说，在移民文化的形态演变过程中，始终遵循着事物发展的基本原理，即新事物代替旧事物的过程。这就意味着移民文化总是能够展现出强大的创新能力，并不是对原生文化或者本土文化简单继承，而是建立在已有文化基础之上的文化创新。无数的移民文化现象和文化事例，也在印证移民文化演变的这一基本规律。

总体来看，移民文化的形态演变和形态发展，基本上遵循着"文化记忆—文化流动—文化再生"这一文化发展的路径。移民文化的形态演变，也在不断展现移民文化所独有的开放性与兼容性、动态性与生成性等特点。美国政治学家萨缪尔·亨廷顿在论述多元文明与文明冲突时，曾表示文明与文化都涉及一个民族全面的生活方式，文明是放大了的文化。他认为文明虽然持久，但它们也在演变；文明是动态的，它们兴起又衰落、合并又分裂；而且正如所有历史研究者所了解的，它们也会消失。移民文化的形态演变过程正是萨缪尔·亨廷顿所描述的文化动态性的重要表现。在文化的动态发展与演变的过程中，移民文化也在彰显着自身的活力与特色。

二、宁夏移民文化与移民精神

（一）宁夏移民文化富有军旅特色

在宁夏的历史进程中，自先秦至清末，军事与战争近乎一直相随。从早期的《诗经》《北征赋》，到《使至塞上》《送卢潘尚书之灵武》，再到1935年毛泽东率领红军翻越六盘山后留下的《清平乐·六盘山》，都描写的是战争与军事。从时间跨度看，上自周代，下至现代，遥遥数千年；从表现内容看，既有对战争意义上的建功立业和倾诉，也有对战争场面的描写和刻画；既描写帝王出巡的宏大场景，也流露和倾吐了对战争带来的苦难的幽怨和义愤。

特别是清康熙驻跸宁夏亲征噶尔丹等。宁夏这个地方虽然很小，军事上的地理位置却十分重要，素有"关中屏障，河陇咽喉"之称。从战国开始，历经隋直到明代，都在这一带修筑过长城，算起来其长度可达1500多公里，宁夏也因此有了"长城博物馆"的称谓。今天，长城所特有的军事防御作用早已成为历史，但长城却成为凝集中华民族的历史丰碑。宁夏移民都生活在"长城博物馆"的内外，爱长城就成为爱国的一种象征。土地革命时期，宁夏的同心、海原地区建立了我国第一个回族自治政权——豫海县回民自治政府，为探索正确解决国内民族问题创造了宝贵经验。抗日战争时期，在党的领导下，宁夏回民组成的抗日回民骑兵团，为发展壮大抗日民族统一战线、夺取中国人民抗日战争胜利作出了重要贡献。解放战争时期，各族人民为保卫陕甘宁边区，夺取全国胜利，建立新中国，进行了不屈不挠的英勇斗争，建立了不可磨灭的历史功勋。

（二.）宁夏移民文化凝聚着民族团结奋斗的精神

宁夏自古就是一个多民族共存的地区，从两万年前的水洞沟先民到清代满洲八旗迁入宁夏，这中间迁徙和融会了不少民族成分，影响较大的如戎、羌、月氏、匈奴、鲜卑、吐蕃、铁勒、柔然、高车、突厥、回鹘、昭武九姓、党项、蒙古、回、满等众多民族，他们在这里生息、繁衍、融会，尤其是先秦至汉唐以来，大量中原汉族人不断迁居在宁夏辖区内，与其他少数民族交错居住，共同的地域环境使他们在政治、经济、文化诸多方面都有过密切的交往，包括多民族之间血统的融合。宁夏地方虽小却很有包容度，凝聚着各民族团结奋斗的精神，无论前进道路上遇到多少曲折和坎坷，宁夏各族人民始终同呼吸、共命运、心连心，始终坚定维护民族团结和祖国统一。实践充分证明，宁夏移民的团结奋斗精神，是我国各族人民大团结的典型缩影，是中华民族强大凝聚力的重要体现。

（三）宁夏移民文化的多元形态具有开拓进取、不畏艰险的精神

宁夏自古迄今的历史进程，体现的都是移民文化的演进过程。当外来文化逐渐融入本土文化之后，新一轮的民族迁徙或大规模的屯田，又会带

来新的外来文化。长城文化、贺兰山文化、石窟文化、西夏文化、黄河文化等，这些以不同形式承载着的文化，是宁夏多元历史文化的重要组成部分。这种具有多元性和兼容性的移民文化具有开拓进取、不畏艰险的精神。自秦汉至明清，移民文化伴随着战争，战争持续拉动移民。战后的移民，面对的是荒凉凋敝的自然环境和破败的社会现实。移民要在战乱的废墟上重建家园，无论是军事性的移民，还是政治性的移民，都要拼搏劳作、善于开拓、锐意进取，人群才能生存，社会经济才能推进和发展。现代一批批移民在宁夏扎根，凭着那么一股"不到长城非好汉"的英雄气概，那么一种"敢教日月换新天"的豪情壮志，自强不息、埋头苦干，经过一代又一代拓荒者和建设者的辛勤耕耘，取得了一个个令人惊叹的业绩，创造了一个个人间奇迹。如今，宁夏经济持续快速发展，城乡面貌焕然一新，已建设成为全国重要的商品粮生产基地和能源化工基地，在治沙防沙方面进行创造性探索，不仅确保了西北交通大动脉包兰铁路畅通无阻，而且为全国乃至全世界防沙治沙提供了成功范例，各族群众生活总体上实现了从贫困到小康的历史性跨越，正意气风发地朝着全面建设更高水平的小康社会目标阔步前进。

（四）宁夏移民文化展示和体现着宁夏历史文化风格

宁夏数千年的历史进程，是民族文化开放性展示的大舞台。从秦汉移民开始至明清，各个时代的移民，伴随着移民潮不断进入宁夏。在这个群体里，有屯田军人中的高级官员，有在宁夏为官的高层文化人，有商贾和使节，有犒劳三军的朝廷大员，有就落宁夏的亲王……他们在宁夏的所见所闻，在宁夏的长时间活动经历构成了他们的文化视野，触动着他们的文化情怀。萧关古道上的战马驰骋，丝绸之路上的驼铃，汉、唐帝王们的巡边与即位……这些承载着宁夏历史的大事件，勾勒了一幕幕的时代画卷，描绘了幅幅山川独秀的大自然风光。从迁徙的角度看，人群不断地迁移过程会留下永远神秘的艺术长卷。贺兰山岩画，就是宁夏早期人类迁徙过程中留下的艺术造型。虽然时空发生过无数次变迁，但它总是改变不了人群迁移带来文化遗存的规律。

盐池县唐墓出土的胡旋舞图案造型，是西域昭武九姓粟特人迁徙宁夏的历史见证，是当时人群迁徙过程中留下的中西文化相融合的象征。近年来，《英雄无语》《梅家小院》《铁杆庄稼》等一批具有浓郁地方特色和强烈时代气息的优秀作品，在全国扶贫文化活动中先后荣获50多个奖项。特别是具有鲜明民族特色的舞剧《月上贺兰》和《长河大漠风》的创演，充分显示了宁夏历史文化风格和独有特色的移民文化艺术。

（五）宁夏移民文化具有"以民为本、天人合一"的精神

高山与大河相间，黄土高原与河套平原相连，宁夏地域广阔，气候适宜多种经济作物成长，自然地理环境为人文地理环境提供了生产与发展的空间，是祖国西部的璀璨明珠，具有悠久的历史文化。"塞上江南"美誉的来历就与移民有关，由于这里迁移来的南方人较多，风俗近于江南。在有关宁夏的各种版本的地方志上，都注明此地有"江左遗风"。历史上的宁夏北部，四季分明，农牧皆宜，是农业民族与游牧民族会聚交流的地区。开宁夏农业灌溉之先的秦渠，是宁夏平原农业文明的象征。汉武帝集重兵反击匈奴，宁夏平原大规模移民与屯垦，是其后勤保障和主要依赖的地区之一。唐代的宁夏平原，已是美丽富饶的绿洲，是镶嵌在贺兰山与毛乌素沙地之间的一块翡翠，沿丝绸之路而过的胡商、文人和各国使节等都为此而激动和羡慕。一千多年前途经宁夏平原的唐代诗人韦蟾就留下了"贺兰山下果园成，塞北江南旧有名"的诗句。这个让后人向往的描述，涵盖了宁夏平原农业文明与生态景观的多重文化意义。目前，宁夏沿黄城市带已初步建设成为国家重要的煤化工产业基

贺兰山岩画（展帆／摄）

地、西电东送在火电基
地和全国防沙治沙综合
示范区，全面打造"黄
河金岸、绿色长城"，
保障黄河生态系统健康
发展，保障沿黄群众安
居乐业。宁夏首府银川
市建设的"最适宜居住"
和"最适宜创业"城市、
石嘴山市建设的"山水

贺兰山岩画太阳神（展帆／摄）

园林之城"、吴忠市建设的"滨河水韵之城"、固原市建设的"生态园林城市"、
中卫市建设的"浪漫沙都"，这些都处处显示着以民为本。

我们相信，随着宁夏对外开放水平的提高，各民族之间政治、经济、文化
融合趋势的进一步扩大，在宁夏会聚的五湖四海之人，放眼世界，坚持走出去
的战略，"宁夏有天下人，天下有宁夏人"新的移民精神一定能够实现。

第四节　移民文化重塑乡村文化

一、移民文化和乡村文化

（一）移民文化

社会变迁是导致人口流动和大量移民出现的重要原因。移民迁出地文化
与迁入地文化碰撞、交融，产生出既不同于迁出地文化、又有别于迁入地文
化的新文化，即移民文化。建设移民文化能够营造新时代乡村文化阵地。因
此移民文化具有与生俱来的创新性、开拓性、多元性、丰富性、包容性等特点。
党的十八大以来，习近平总书记提出要增强文化自信，我国文化建设取得了

显著的成就。随着我国经济和社会的快速发展，人民群众包括移民地区的搬迁居民，对精神文化的需求也逐步增加，但当前一些地方包括移民地区的文化建设与公共文化服务体系的建立还不完善，公共文化服务体系建设水平还有待提高。特别是对于移民地区的文化发展来说，面临着文化建设的挑战，需要进一步加强移民文化建设。宁夏移民文化极具区域特色，是民族文化的重要组成部分。宁夏移民文化的形成是社会经济基础、社会政治结构，以及历史地理环境等多重因素共同作用的结果。从古至今，宁夏的移民活动，有效促进了地区经济生产、生活方式、语言习惯、政治文化的交流和改变。正是由于宁夏移民文化根源所致，其文化内涵才独具特色。

（二）乡村文化

乡村文化是相对于城市文化而言，在传统农业社会里，两者只有分布上的差别而无性质上的不同。乡村文化是城市文化的根底。乡村文化具有极为广泛的群众基础，在民族心理和文化传承中有着独特的内涵。

乡村文化是乡民在农业生产与生活实践中逐步形成并发展起来的道德情感、社会心理、风俗习惯、是非标准、行为方式、理想追求等，表现为民俗民风、物质生活与行动章法等，以言传身教、潜移默化的方式影响人们，反映了乡民的处事原则、人生理想以及对社会的认知模式等，是乡民生活的主要组成部分，也是乡民赖以生存的精神依托和意义所在。较之工业的高度发展，农业的缓慢发展常常给人以安全稳定的印象。

相对于城市的狂躁、复杂与多变，乡村则有着更多诗意与温情，在城镇化背景下，大量的农村消失并不意味着乡村文化的消亡，相反，乡村更加稀缺而珍贵，乡村依然是人们心灵的寓所。

在中国古代社会里，乡村文化在乡村治理中发挥着重要作用。在人们的记忆中，乡村是安详稳定、恬淡自足的象征，故乡是人们魂牵梦萦的地方。回归乡里、落叶归根是人们的选择和期望。

在现代社会，许多城里人生活在都市却处处以乡村为归依，有所谓"乡土中国"的心态。城镇化是"以城带镇"的发展模式，是由农业人口占很大比重的传统农业社会向非农业人口占多数的现代工业社会转变的历史过程。

二、当前宁夏移民文化建设存在的主要问题

文化事业的发展是一个相对长期的过程，移民文化的发展历程受到移民地区的影响，发展时间短、基础薄弱，因此存在一些问题。

（一）移民文化发展规划不完善

移民地区的建设资金大都偏向于经济和社会基础建设，对于文化建设的投入明显不够，资金支持力度小，而且由于缺乏经营和开发经验，现有的文化资源得不到很好的利用和管理，文化产业层次相对较低。在人才方面，相关扶持政策欠缺，移民地区的工作和生活条件也使得人才招聘缺乏吸引力，这些问题都成为移民文化发展的"瓶颈"。

（二）公共文化服务体系发展不平衡

很多移民地区公共文化基础设施相对比较薄弱，公共文化服务体系发展不平衡等问题比较突出。部分基层文化站、文化服务中心的文体活动开展次数较少、宣传教育载体比较单一，文艺作品质量不高，管理运行机制不够健全，文化引领风尚、发动群众、教育群众的作用发挥不明显。一些文化馆的人员编制不足的现象没有得到彻底解决，临时搭台、应付唱戏的现象依然存在。

（三）没有形成文化产业

移民地区受经济条件制约，城乡居民消费仍然以物质消费为主，文化方面的消费相对滞后。同时，由于现有的相关文化基础设施落后，总量比较少，档次低，而且专业人才素质不高，高素质人才缺乏。移民地区普遍存在着文化市场低迷，基础薄弱等问题，相关文化产品数量少、质量低。和文化市场比较繁荣的地区相比较，市场竞争力相对比较弱，处于不利地位。

（四）移民文化人才队伍建设落后

很多地区没有形成大抓、快抓、抓好文化人才培养培训的氛围，缺乏移民文化人才队伍建设的长效机制，人才的培训层次相对较低。民间文化艺术人才中，年龄通常较大，且都是一个领域的爱好者，不具备专业的文化素养。

文化经营者的文化程度也普遍偏低，经营理念和手段落后，难以打造出知名文化企业。

移民文化建设问题的主要原因包括：思想认识不到位，对移民文化发展总体规划重视不够，在推动文化事业发展、精品文艺创作上的责任感、紧迫感有待于进一步加强；工作力度还不够，资金投入明显不足；提升公共文化发展的动力和活力不足，在满足城乡公共文化产品供给、城乡居民多层次文化需求方面还有差距；移民文化人才队伍管理机制尚未形成，移民文化人才培养缺乏专业引领等。因此必须有效应对相关问题并进行规划和改进。

三、移民文化重塑乡村文化的建议

（一）完善文化产业发展规划，丰富移民文化发展思路

1. 建立有序管理机制

优化文化产业结构和布局，移民地区应该深入研究，根据本地区实际情况制定和实施一系列在准入、投资、金融财税、文化园区建设、管理经营、服务等诸多方面的支持项目和优惠政策，全方面扶持和促进本地区文化产业健康发展。构建调控适度、运行有序的文化管理体系，实行政府全方位引导投入，社会民间资本在政府的科学引导下积极参与投资和建设，并逐步构建良好的市场化、企业化运行机制，对于有发展前景的文化项目给予重点培植和支持。构建区、乡、村三级文化网格，逐步完善公共文化服务体系，加强乡镇一级的综合文化站点建设，不断完善村一级的文化大院或社区文化站点。对于所需要的基本设施、设备给予足够的支持，确保软硬件基础设施到位，逐渐在每个行政村都建立起一座或多座多功能文化活动室。

2. 建立健全激励机制

设立文化系列奖项，对于那些在文化创作方面有突出贡献和重要成果的创新型人才给予应有的奖励，对于在文化站点经营管理上成绩优异，并且创造出社会经济效益的管理人员给予奖励，激发当地人才创作的积极性。通过一系列奖惩机制，逐步培养和形成一支强有力的移民文化人才队伍，这支队

伍整体素质高，人员构成结构合理，而且具有强大的创新力，最终推动移民文化的发展。通过系列激励措施，有效释放移民文化的活力，使经济实力、发展活力、文化魅力刚柔并济，推进移民文化与社会发展的合力效应。不断丰富各种形式的社会文化举措，完善激励机制，促进移民文化全面发展，提升移民地区文化形象。

（二）夯实文化产业发展基础，优化文化产业发展环境

1.加强文化领域人、财、物的投入力度

通过建立相关基金，吸引更多社会资本参与文化产业的发展，在广大老百姓中间定期开展各种形式的群众文化活动，如健身、娱乐、竞赛、文艺表演等，丰富人们的文化生活，促进精神文明建设。设置专项资金，用于对移民文化人才的培训和教育，引进更高素质的人才进入文化行业，加强对人才的管理和扶持，做到专项专用。

2.丰富各种形式社会文化

以当地文化站、文化室等场所为活动平台，以文化馆和城乡各类业余文艺团体及老年文化和农村民俗文化等为主要活动内容，不断满足群众的需求，举办移民文化展览交流、慈善募捐义演等文化艺术活动，提高文化市场的影响力。

3.构建科学、积极的文化产业发展氛围

建立宏观文化管理体制，增强移民文化人才引入后劲，推动移民文化产业健康发展，优化文化产业平台，针对不同层次的人才，通过不同形式、多渠道进行教育和培训，提高不同人才的职业素质和职业道德。重视和加强对优秀传统文化的保护和传承，强有力地开展文化市场管理和各种网络信息管理，有计划、有步骤地开展移民文化产业的法规培训工作。要不断完善文化产业相关法律法规，形成一整套科学、合理的制度体系，促进文化市场竞争更趋公平。

4.突出区域特色，打造移民文化品牌

深入挖掘地方文化资源优势，将优秀传统文化与地域性的民俗文化相融

合，形成具有开放、包容、共享、和谐的移民文化。通过系列文化活动的开展，进一步丰富移民文化内涵，打造文化品牌。

（三）加强移民文化阵地建设

1. 抓基础完善人才库

对培养对象建立档案，全面了解和准确掌握各级各类移民文化人才的基本情况，为加大培训提供基础数据。指定文化馆干部为管理人员，做日常的材料收集管理工作，建立文化电子档案。充分结合本地区文化市场发展实际，要不断探索和研究，努力创新工作方法和管理模式，积极大胆地引进先进人才。同时，加大对现有移民文化人才的培养力度，提高他们的综合技能，不断丰富和充实他们的文化知识，从而推动文化事业发展。

2. 抓培训提升队伍水平

聘请相关文化专家和移民文化爱好者举办各类活动和培训班。先后选派农民创作人员、非物质文化传承人、文艺特长者参加各级地方组织的培训班。通过采取校地合作、集中办班、专家指导、交流学习等措施，重点培养公共文化领军人、非物质文化传承人和文化产业带动人，提升文化人才队伍整体素质，有效地发挥人才引领和带动作用。以文化馆免费开放项目为依托，开设声乐、书法、剪纸等培训项目，扶持培养公共文化服务人才、群众文化领军人才、非物质文化传承人才和文化产业带动人才。进一步加强文化阵地和文化协管员的管理，充分调动基层文化工作者参与管理的积极性，进一步提高文化人才服务基层的能力。

（四）创新服务机制，提升文化供给能力

1. 提高公共文化服务标准化、均等化能力

明确基本公共文化服务目录并组织实施，建立文化扶贫机制和特殊群体服务工作机制。在图书馆、文化馆、乡镇综合文化站、村级综合文化服务中心等公益性文化单位中设置面向特殊群体的服务区域和项目。也可以结合精准扶贫工作，每年在各村举办刺绣、剪纸培训班，将残疾人纳入培训范围，使他们也能学到一技之长。

2. 提升公共文化服务效能

建立群众文化需求反馈机制，提供菜单式服务。根据各个民间文艺团队、文化大院的需求，投入一定资金，配备文化器材，扶持他们开展文化活动。也可以按照群众文化需求与各个乡镇"结对子、种文化"，帮助指导群众开展文化活动，形成常态化帮扶机制。

（五）紧扣群众需求，精准实施文化惠民工程

一是在乡镇综合文化站建设方面，坚持中心下移、贴近群众，对标建设、填平补齐的原则，通过新建、改扩建、资源整合等形式，建成乡镇综合文化站。二是建设农家书屋，达到全覆盖。通过统筹各项资源，完善各级广播电视台发射台等基础设施建设，建设覆盖一定范围的智能广播网和应急广播平台，切实提升广播电视服务能力和水平。三是在文化信息资源共享工程方面，制定相应制度，实施农村电影放映工程，采取"政府购买文化服务"的方式，积极实施电影数字化放映工程，采取定点、流动放映等多种形式，深入各村进行巡回放映，解决农民群众看电影难的问题。

四、结语

文化是一个国家、一个民族的灵魂。文化建设不但能够满足农民的精神文化需求，而且有利于促进乡村经济社会的发展，实现乡村振兴。随着经济社会的不断发展，群众对文化服务产品供给的要求越来越高，精准扶贫的同时要实施文化扶贫，结合实际实施各种形式的文化惠民工程，加快发展文化产业，促进移民地区文化市场的兴盛和繁荣，推动文化产业良性发展。在人、财、物、政策等方面的大力支持下，把文化建设和乡村振兴结合起来，实现良性互动，同步发展。

第四章　宁夏特色小镇文化

2017年10月18日，习近平总书记在十九大报告中指出，实施乡村振兴战略。这是继统筹城乡发展、建设社会主义新农村之后，我党在农业农村发展理论和实践上的又一重大飞跃，是新时代农业农村工作的总纲领和中心任务，也是解决"三农"问题、全面激发农村发展活力的重大行动①。乡村振兴战略中，特色小镇是城乡融合发展的关键，以特色小镇为载体，可加快乡村振兴进程。乡村振兴需要一个强有力的龙头和载体，把乡村优美环境、人文风俗、历史文化、特色资源等在空间上进行集中和集聚，推动特色产业发展，打造特色小镇承载产业与人口，吸引城市资源要素的流入，承接城市消费的外溢，把小镇融合到乡村中，符合当前中央有关特色小镇发展理念，也从根本上增强了乡村的内生发展动力。

第一节　宁夏特色小镇的发展历程及特征

近年来，特色小镇作为我国发展新型城镇化和新农村建设的创新性举措以及重要的招商引资平台，不仅受到中央政府的高度重视和大力支持，各级政府也积极行动，大力推进特色小镇建设。2016年7月，住房和城乡建设部、

---

① 许利峰.我国乡村振兴战略背景下的特色小镇发展趋势 [J]. 建设科技，2018（02）：16-17.

财政部、国家发展和改革委发布《关于开展特色小镇培育工作的通知》文件中明确指出我国特色小镇的发展目标：到2020年，培育1000个左右各具特色、富有活力的休闲旅游、商贸物流、现代制造、教育科技、传统文化、美丽宜居等特色小镇，引领带动全国小城镇建设，不断提高建设水平和发展质量[①]。

一、宁夏特色小镇发展历程及现状

宁夏全区22个县（市、区）现有193个乡镇（含建制镇101个、乡92个），其中县城所在地和划入城市规划区的有33个乡镇。基本形成了以乡镇镇区为行政商贸中心向周边辐射的小城镇发展格局。到2015年末，小城镇建成区面积218.38平方公里，聚集人口94.99万人，成为推动农村产业化、城镇化发展的重要载体和支撑，其中：镇区人口20000人以上的8个，10000人以上的20个，5000人以上24个，1000人以下的25个[②]。近年来，自治区党委、政府高度重视小城镇建设，特别是2013年以来，先后组织实施了沿黄特色小城镇和美丽小城镇建设，自治区财政安排专项补助资金12亿元，撬动社会资金200多亿元，重点对产业基础较好、交通区位优势明显的92个小城镇进行了建设改造，集中实施了特色街区改造工程，高标准建设了绿化、亮化、给排水、道路、垃圾污水处理、天然气入户等基础设施，新建了一批教育、医疗、商业、养老等公共服务配套设施，小城镇居住环境明显改善，承载能力显著提升，吸纳村庄向小城镇转移居住的人口达到50余万人。同时，注重小城镇特色发展，因地制宜打造了一批旅游、商贸、工业等产业特色名镇、强镇。

全区有28个镇被命名为全国重点镇，有7个镇被确定为全国景观旅游名镇，原州区三营镇列入全国新型城镇化试点镇，有42个镇列入自治区重点镇，宁夏西夏区镇北堡镇、泾源县泾河源镇成功入选全国首批特色小镇，2020年

---

① 住房和城乡建设部，国家发展和改革委，财政部.关于开展特色小镇培育工作的通知.建村〔2016〕147号，2016-07-21.

② 杨文平，徐海波.宁夏特色小城镇建设模式研究[J].城乡建设，2018（03）：60-63.

又申报5个小城镇争取列入全国第二批特色小镇，形成了全国重点镇、区级重点镇、特色镇等分层分类、梯度培育、特色发展的小城镇发展格局。

2017年4月经自治区党委、政府批准印发了《关于加快特色小镇建设的若干意见》，从2017年开始，宁夏全区启动了首批10个自治区级特色小镇（见表4-1）培育建设，分别是西夏区镇北堡镇、灵武市宁东镇、永宁县闽宁镇、平罗县陶乐镇、惠农区红果子镇、盐池县大水坑镇、同心县韦州镇、泾源县泾河源镇、中宁县石空镇、海兴开发区三河镇，示范带动全区特色小镇建设发展。鼓励各市、县（区）按照成熟一批、培育一批的原则，结合实际开展特色小镇培育创建工作。

表4-1　宁夏回族自治区首批区级特色小镇名单

地市	特色小镇	产业类型	备注
银川市	西夏区镇北堡镇	文化旅游	第一批全国特色小镇
	灵武市宁东镇	现代工业	
	永宁县闽宁镇	文化旅游	第二批全国特色小镇
石嘴山市	惠农区红果子镇	加工制造	第二批全国特色小镇
	平罗县陶乐镇	休闲旅居养老	
吴忠市	盐池县大水坑镇	商贸物流	
	同心县韦州镇	文化旅游	第二批全国特色小镇
固原市	泾源县泾河源镇	文化旅游	第一批全国特色小镇
中卫市	中宁县石空镇	现代工业	
	海兴开发区三河镇	现代工业	

银川市也于2017年开始，按照"成熟一批、培育一批"的原则，突出重点、突出产业、突出特色，坚持因地制宜、分类指导，打造一批生态农业、东西合作、影视红酒等特色鲜明、产城融合、充满魅力的银川特色小镇，首批启

动了10个银川市级特色小镇（见表4-2）。

表4-2　银川市首批市级特色小镇培育名单

县市区	乡镇名称	主导产业
兴庆区	掌政镇	湿地生态旅游业
	月牙湖乡	通用航空产业、旅游业
金凤区	良田镇	观光农业、自然生态旅游
西夏区	兴泾镇	商贸服务业
	镇北堡镇	影视旅游业、红酒产业、商贸服务业
灵武市	梧桐树乡	民俗旅游、工业
永宁县	闽宁镇	葡萄产业、劳务产业
	纳家户	旅游业、地方文化产业
	华夏河图	旅游业、现代艺术产业
贺兰县	洪广镇	旅游业、生物制药

本书选取自治区级特色小镇中的镇北堡镇、闽宁镇、陶乐镇、石空镇及银川市级特色小镇中的部分小镇进行研究，研究对象涵盖宁夏不同市域及不同的产业类型小镇，具有一定的代表性。

（一）银川市西夏区镇北堡镇

地理交通区位。镇北堡镇地处银川市区西北郊，是银川西线旅游长廊的中心，也是贺兰山东麓葡萄产业长廊的核心地段、贺兰山黄金旅游带的腹地；镇北堡镇位于半小时交通圈内，有110国道穿镇而过，连接石嘴山和银川，东部与银川西环高速公路相邻，通过镇芦路和环城高速公路直达银川市中心城区。

行政区划。镇域总面积212平方千米。其中：西区镇北堡区域面积173.8平方千米，东区芦花台区域面积38.2平方千米，截至2016年底，总人口32 535人（镇区13 665人，各村庄总人口18 870人）。

发展历程。镇北堡镇因镇区东南部建造的市级历史文物保护单位——镇北堡而得名。现存的镇北堡始建于明清，是当时屯兵之地，南堡先建，后因地震毁坏，又在原址东北部新建城堡，现在开辟为镇北堡西部影城。镇北堡镇成立之前，该地为自治区农建委下属单位林草试验场，1995年在此建设华西村，2001年12月经自治区人民政府批准原林草试验场和华西村以及西部与之相连的贺兰山部分地区合并成立镇北堡镇，辖区有宁夏镇北堡林草试验场和镇北堡村等5个行政村，属银川市郊区政府管辖。2002年，银川市行政区划调整，划归西夏区管辖。

镇北堡镇集合了影视文化、葡萄酒文化、移民文化、西夏文化、边塞文化、夯土建筑文化等，形成了多元化文化。文化是城镇不断发展的持久动力，为小镇的发展奠定了基础，使得镇北堡镇独具特色，在特色小镇中脱颖而出。

影视文化中镇北堡西部影城保持并利用了古堡原有的奇特、雄浑、苍凉、悲壮、残旧、衰而不败的景象，突出了它的荒凉感、黄土味及原始化、民间化的审美内涵，尽可能地保留了它特殊的审美价值。"借影视艺术之体，还民俗文化之魂"，再现了祖先们的生活方式、生产方式和娱乐方式，现已逐步成为中国古代北方小城镇的缩影，形成了从"出卖荒凉"向"出卖文化及历史"

镇北堡西部影城实景照片（张绍慧／摄）

的跨越，衍生了从影视旅游业
发展为"影视特色小镇"的独
特发展模式。

镇北堡镇位于宁夏贺兰山
东麓旅游长廊，周边有贺兰山
自然风景名胜区、西夏陵、滚
钟口、苏峪口、贺兰山岩画、
镇北堡西部影城等景区景点，
是宁夏独具特色和富有优势的
旅游发展带。而且，近几年新
引进了瑞信温泉小镇、兰一山

镇北堡西部影城实景照片（张绍慧／摄）

庄、万一生态园、贺兰山国防园、贺兰山山泉浴场、兰泉度假村等生态旅游
项目，使当地的旅游项目不断增加、旅游配套服务设施不断完善。虽然镇北
堡镇旅游资源特色鲜明，开发条件优越，旅游产业发展潜力大，但是也存在
一些不足之处，如旅游管理相关人才稀缺，缺乏全面专业的宣传及自我营销，
影响力范围小，旅游的管理和经营方式跟不上旅游产业的发展，导致旅游兴
镇效果不显著，大部分游客仍来自宁夏周边地区，使得镇北堡镇影响力范围
远不及全国其他知名小镇。

综合现状，截至目前，镇北堡镇主要以旅游产业为主导，影视产业和葡
萄酒产业为特色，一、二、三产业相结合，带动城镇整体经济发展。其中主
导旅游产业主要依托镇北堡镇汇聚的众多旅游资源为支撑。

镇北堡镇第一产业主要种植葡萄、枸杞等，葡萄产业发展迅速，葡萄酒
年产量达到1.4万吨，加贝兰、迦南美地、留世1246等品牌干红葡萄酒多次荣
获国际国内葡萄酒大赛金奖。葡萄种植总面积达到3.32万亩，其中酿酒葡萄
3.08万亩，鲜食葡萄0.24万亩，酿酒葡萄以赤霞珠、梅鹿辄、品丽珠为主，葡
萄种植基地规模进一步扩大，葡萄酒产业带加速形成。近几年实施了万亩有
机枸杞园区建设项目，截至2016年，经过不断地引进新品种、新技术，高标

准的有机枸杞种植示范基地已经达到5000亩，两年累计节约成本113.4万元，园区年产量达到800吨，产值5000余万元。累计架设温棚约4000亩40 000间，种植率为85%，预计温棚产值达到6696万元。万头养猪场二期生猪标准化养殖示范基地建设项目已上报有关部门，待批准立项后实施。生猪存栏3200头，出栏10 000头，产值约660万元，带动养殖户50户，其中100头以上的规模养殖户4户。

随着万亩有机枸杞园区建设，已建成第二产业的枸杞芽茶厂、枸杞加工厂，年产值1600万元，促进周边1000余名农民增收，目前还没有很好的依托影视产业和葡萄酒产业大规模的开发，以剪纸、绘画、工艺品制作等为主的手工艺品及与葡萄酒产业相关的包装产品，只有部分村民从事手工艺制造业。

镇北堡镇第三产业主要以小规模的旅游综合服务、餐饮服务、商贸服务、住宿服务及休闲娱乐服务，还不完全具备旅游服务功能，整体条件较差，与镇北堡西部影城5A级景区标准不相匹配，只有镇区沿110国道西侧布置商业设施，个体经营户730家，从业人员2517人，商业服务不成体系。

（二）银川市永宁县闽宁镇

地理交通区位。永宁县闽宁镇位于宁夏首府银川南部、贺兰山东麓、永宁县西部。东与玉泉营农场、黄羊滩农场、李俊镇相邻，南接青铜峡市邵岗镇，西至贺兰山自然保护区，北与西夏区兴泾镇毗邻，土地总面积201.6平方千米（包括闽宁镇现行政区划范围、原隆村规划用地范围、中粮集团和德龙集团用地范围）。银巴高速公路、201省道（沿山公路）、闽甘公路、永黄公路、许黄公路、闽许公路、包兰铁路从镇域穿过，对外交通比较方便。

自然资源。闽宁镇所在用地属于山前洪积平原，黄河一级阶地，地形较平坦开阔，大部分地域海拔在1130~1190米之间。城镇主要建设区域位于银川平原，该平原系喜马拉雅造山运动时期构造活跃的贺兰山褶皱带与鄂尔多斯台地相对上升形成的"银川地堑"。因银川地堑相对下降，在第三纪时形成一个广布的湖盆，接受了大量的碎屑沉积物，成为白垩系，第三系为基底的银川平原，辖区内土壤类型主要为淡灰钙土、山地灰钙土、山地灰褐土等。

发展历程。1990年10月，自治区党委、政府以易地搬迁方式，先后在永宁县辖区内建立西吉县玉泉营和海原县玉海经济开发区两处吊庄；1997年7月，福建、宁夏两省区第二次联席会议，提出建设成立闽宁村；2001年12月，经宁夏回族自治区人民政府第80次常务会议研究批准，成立闽宁镇；2009—2010年，自治区党委、政府高度重视闽宁地区的发展，分别于2009年10月19日、2010年11月9日连续两年在闽宁镇召开现场办公会议；2013年5月、9月，自治区领导两次专程到闽宁镇调研，提出闽宁镇要发展"种葡萄、养黄牛、育菌草、抓劳务、建园区"五大支柱产业和将闽宁镇打造成全区生态移民示范镇的目标；2016年7月，习近平总书记到闽宁镇视察，看到闽宁镇发展变化后，总书记表示很欣慰，他说，闽宁镇探索出了一条康庄大道，我们要把这个宝贵经验向全国推广。

目前，闽宁镇一、二、三产业同步发展，其中主导产业有新型光伏产业、肉牛与蛋种鸡养殖业、红树莓种植业、葡萄种植业及劳务输出业等五大产业。

第一产业主要由葡萄种植产业、红树莓种植产业、传统农作物产业、畜牧养殖产业和菌草产业构成，各产业发展较缓慢。已建成武河、原隆2个生态

永宁县闽宁镇现代光伏产业

棚湖湾树莓生态景区

移民葡萄标准化生产示范村；引进建成德龙、中粮长城云漠、立兰等酒庄13座，全镇葡萄种植面积6.2万亩，葡萄酒年产量2.6万吨，移民种植葡萄亩均增收3000元以上；引进2700亩红树莓种植示范园、500亩黑枸杞种植基地等特色产业项目，持续带动群众就业增收。闽宁镇畜牧养殖业得到快速发展，主要养殖肉牛、羊、猪和家禽，以集中养殖和散养相结合。养殖业健康发展，无重大疫情发生，畜牧业在农业中的比重不断提高。

第二产业主要由闽宁扶贫协作产业园和闽宁产业城构成，目前"两园"已建设完善，但是发展不均衡，闽宁产业城因毗邻银川市区，基础设施条件、地理优势、企业氛围较好，入园企业相对较多。闽宁扶贫产业园目前只有7家企业入驻，缺乏带动力强、税收贡献大的好项目。

第三产业主要由旅游服务业、餐饮服务业、商贸物流业组成，201省道西侧已投入建设闽南风情新镇，目前10万平方米闽南风情商业街区商户还未入驻，无法激活福建和台湾小商品购物旅游业态。201省道两侧商业氛围不浓，服务业态匮乏。

（三）石嘴山市平罗县陶乐镇

地理交通区位。宁夏石嘴山市平罗县陶乐康养特色小镇，位于银川市北82千米、黄河湿地与毛乌素沙漠之间，距平罗县城13千米，北侧有大面积的黄河湿地，西侧紧邻黄河，景色壮阔。东部与毛乌素沙漠接壤，沙生植物、大漠风光独具特色。全镇区域总面积164平方千米。截至2016年底，陶乐镇辖5个行政村、2个社区，总人口17 600人，其中农业人口13 071人。

发展历程。陶乐镇 GDP 持续快速增长，2010—2016年镇内生产总值年均增速约为10%；经济增长稳定，起伏较小。第一产业年平均增长率8%，第二产业年平均增长率12%，第三产业年平均增长率13%；三类产业结构比从2010年的23.5∶38.7∶37.8调整为18.4∶41.5∶40.1，二、三产业结构比重逐年提升。

针对各产业发展特征，总结发现第一产业发展处于稳步增速状态，但经济作物相对较少，产业发展模式较单一，缺少与第二产业、第三产业的联动发展。由于小镇严格控制污染的生态要求，小镇内第二产业主要以无污染、低能耗的绿色产业为主，重点发展绿色农副产品及牛羊肉深加工为主。第三产业的发展虽处于增长势头，但产业资源缺少融合，未能形成有别于周边区域的特色。

（四）中宁县石空镇

地理交通区位。石空镇地处中宁县城以北，镇域面积525平方千米，辖区15个村、一个居委会，镇区常住人口31 334人，就业人口24 793人，耕地面积30 862亩。交通便捷、资源丰富、工业发展强劲、农牧业兴旺，是中宁县工业重镇、自治区交通枢纽小城镇，是1958年包兰铁路通车以后发展起来的新集镇，镇上建设项目主要沿109国道两侧分布。

自然资源。石空镇地质构造复杂，在镇域内连绵不断的中、低山岭中蕴藏着丰富的矿产资源。非金属矿产资源主要有煤炭、石灰岩、水泥石灰岩、陶瓷黏土、水泥黏土、石膏、砂岩、芒硝、硫铁矿、重晶石等；金属矿产资源主要有铁矿、铜矿、锰矿、多金属矿、金矿及其他有色金属矿产资源。

名胜古迹及旅游资源。石空镇及周边主要名胜古迹有双龙石窟、石空大佛寺、宁舟宝塔、胜金关等旅游景点。这些古迹始建年代多为唐代，历史悠久。旅游资源还有中宁县黄河文化城旅游景区、中宁县黄河水上乐园。

发展历程。隋唐两代曾在镇内设雄州、丰安县等建制，开凿于唐代的石空石窟，名闻遐迩，镇名因此而来。石空镇原名关帝乡，因曾有关帝庙而得名，民国初期属三区管辖，1955年撤区并乡后改为关帝乡，1958年将关帝、石空、倪丁3个乡合并成石空人民公社，1961年社队体制调整后，成立关帝公社，1983年改为关帝乡，1985年成立石空镇。

（五）良田镇

地理交通区位。良田镇位于银川市金凤区南部，东临永宁县望远镇、西靠西夏区兴泾镇、北与魏家桥村毗邻、南与永宁县金沙乡接壤。辖7个行政村和银川林场居委会，总面积93.3平方千米，耕地2.6万亩。现以设施农业、特色养殖、劳务输出为主。

资源优势。目前建成植物园、园林、和顺、光明等设施温棚园区，促进农业产业多元化发展，休闲观光农业初见成效，是中心城区重要的"菜篮子"供应区；建成了翔达、金星等特色养殖园区；劳务输出初具规模，累计培训农民5万人次、产业工人3200名，创建金凤区就业创业培训基地1个，建成劳务输出基地4个；旅游产业已形成了以森森生态园、颐和生态园等生态产业园，同时以良好的农业基础为休闲观光农业、休闲体验农业的发展提供了有力保障，为特色小镇建设提供了支撑。

发展历程。特色小镇发展的总体定位是以设施农业建设为主，"生态观光农业＋"和"文化旅游＋"为产业发展战略，构建以现代农业产业链为支柱，以特色旅游产业链为先导的产业结构体系，以服务中心城"菜篮子"为主，提供市民的周末度假休闲及农事体验和以特色文化展示、风情体验等为项目，形成银川市近郊农产品供给基地、周末旅游度假目的地。

为更好地落实特色小镇的建设和发展，良田观光农业小镇制定了详细的产业发展策略。

一是依托泾龙村打造银川市半小时生态农业圈的现代科技农业示范种植

基地，以"农业＋电商＋冷鲜物流＋精深加工"为特色，依托兴源村八队现有资源发展光合农业并打造现代科技农业示范基地。力争使良田镇成为银川的近郊有机蔬菜供应基地和现代科技农业示范基地，着力发展光合农业示范基地。

二是引入"现代农业、休闲农业＋自然生态型旅游＋原生村落"的田园综合体理念，打造银川城南生态农业小镇，发展短期农业旅游。依托金星村、光明村、园子村打造观赏型农田、瓜果园、观赏苗木、花卉展示区等现代农业，发展消费购物、农事体验、儿童牧场等多种服务的现代农业旅游区。依托兴源村发展乡村生态游，包含农家餐饮业以及农耕体验、采摘、种植等农趣家园项目。

三是建设镇区区域综合服务中心、特色风情展示窗口和特色小镇宜居示范。主要建设包括农作物贸易区、农用机具贸易区等的农贸大集市以及中央商业广场。镇区北部建设农产品精深加工基地，以镇域范围内蔬菜、肉类为主要物流对象，包括冷库仓储区、冷链配送车辆集散区、物流调度中心。

四是借鉴宁夏森淼生态旅游区的发展模式。以植物资源收集保存、园林景观建设、现代农业技术研究与示范为依托，集"假日酒店、会议培训、生态美食、拓展训练、科普教育、有机采摘、篝火晚会、养生度假"为一体的综合型生态旅游区，为产业发展提供服务基础。

二、宁夏特色小镇特征

宁夏在地形上分为三大板块。一是北部引黄灌区，地势平坦，土壤肥沃，素有"塞上江南"的美誉；二是中部干旱带，干旱少雨，风大沙多，土地贫瘠；三是南部山区，丘陵沟壑林立，部分地域阴湿高寒。辖区内灵武市水洞沟遗址表明，早在旧石器时代，就有人类在此生息繁衍。秦始皇统一六国后，在此设北地郡，兴修水利，开创了引黄灌溉的历史。1038年，党项族首领李元昊以宁夏为中心，建立西夏。元灭西夏后，设宁夏府路，始有宁夏之名。宁夏有农业资源、能源资源、旅游资源等三方面的优势。一是农业优势。现有耕地1650万亩，人均2.8亩，居全国第2位；引黄灌溉良田790万亩，是全国商品粮生产基地之一；有草场3665万亩，是全国十大牧区之一。二是能源优势。年可利用黄河水40亿立方米，占分配总量的7%；已探明煤炭储量469亿吨，居全国第6位，其中宁东煤田探明储量393亿吨，被列为国家14个大型煤炭基地之一；现有大中型火力发电厂20座，人均发电量居全国第1位；探明矿产资源50多种，人均自然资源潜在值为全国平均值的163.59%，居全国第5位。三是旅游优势。古老的黄河文明、神秘的西夏历史、雄浑的大漠风光，构成了多姿多彩的旅游资源。"两山一河"（贺兰山、六盘山、黄河）、"两沙一陵"（沙湖、沙坡头、西夏陵）、"两堡一城"（将台堡、镇北堡、古长城），体现了深厚的文化底蕴，展示着独特的自然风光。"塞上江南·神奇宁夏"的旅游品牌日益叫响，吸引着越来越多的中外游客。

因此，宁夏区级特色小镇具有以下非常明显的特征（见表4-3）。

表4-3　宁夏区级部分特色小镇的特征分析总结

特色小镇	文化特色	产业特色	资源特色
镇北堡镇	影视文化——镇北堡西部影城 移民文化——宁夏的"华西村" 葡萄酒文化——神奇的北纬38° 西夏文化——中华民族文化的重要组成部分 边塞文化——前身为军事要塞 夯土建筑文化——中国西北建筑特色	影视产业 特色种植产业 旅游产业	影视资源 文化资源 旅游资源
闽宁镇	移民文化 闽都、闽南、闽茶文化	葡萄、红树莓产业 光伏产业、科技农业一体化产业 特色养殖 旅游服务业	银川平原，适合葡萄种植 处于宁夏黄金旅游带，周边旅游资源丰富 东西协作、生态移民示范镇

续表

特色小镇	文化特色	产业特色	资源特色
陶乐镇	多元民族文化交汇 丝路文化 黄河文化 边塞农牧文化	转型工业 现代农业 第三产业	沙漠、湿地生态旅游 影视基地 特色农家乐
石空镇	黄河文化	新能源装备工业、农业、养殖业 物流产业	中宁县工业重镇、自治区交通枢纽小城镇 矿产资源 旅游资源

（一）文化独特

保持文化的原生性、鲜活性、独特性。文化特征是小镇文化的内核，也是小镇最有魅力的元素之一。没有鲜活文化内涵的小镇是难有生命力的。所谓"原生性"和"鲜活性"，是指用独特的自然风貌、生活习俗和人的生产劳动等社会性元素，诠释小镇文化传统。

如镇北堡镇的夯土建筑文化："堡"顾名思义就是城堡和堡垒的意思。现在说的镇北堡，它是由新堡和老堡两部分组成。镇北堡南边城堡遗址为明弘治十三年（1500年）所筑，城堡东西长175米，南北宽160米；北边城堡系清乾隆五年（1740年）所筑，城堡东西长170米，南北宽150米，坐西面东，东墙正中设城门，城门外筑半月形瓮城。均为覆土建筑，没有一块砖石，这种独有的夯土建筑是中国西北特有的建筑特色，对未来的城市设计具有指导性意义。

（二）资源丰富

与传统小镇相比，特色小镇的一个显著特点，在于它不是简单地作为一种聚居形式和生活模式而存在，同时还是一种宝贵的文化旅游资源和贸易、休闲、度假的场所。有优美风景的旅游资源，有特色民俗风情园，有手工匠人的文化传承，总之，要将自己拥有的特色作为一种产业展现出来，为小镇发展提供源源不断的经济收入。

蒸土流程

筑城用料

夯筑城墙

明代镇北堡

明代镇北堡夯土建筑文化示意图

（图片来源：《银川市西夏区镇北堡影视小镇规划》编制单位：上海市城市建设设计研究总院）

  2016年，镇北堡西部影城游客接待量达到了151万人次，为宁夏旅游景区之最。年旅游总收入超过1.8亿元。其中，门票收入8000万元，其他收入超过1亿元。

宁夏银川市西夏区镇北堡镇古城堡现状

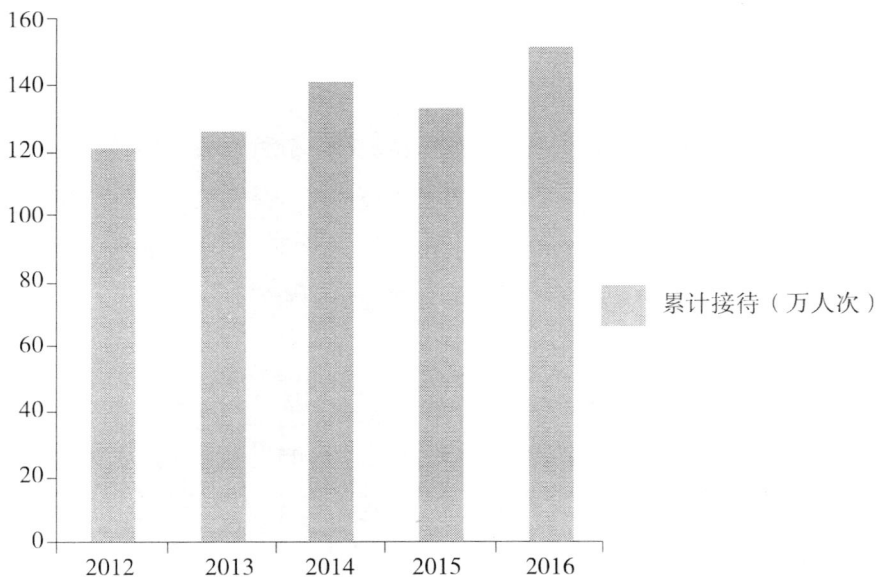

银川市西夏区镇北堡西部影城年接待人次统计

（数据来源：《银川市西夏区镇北堡影视小镇规划》）

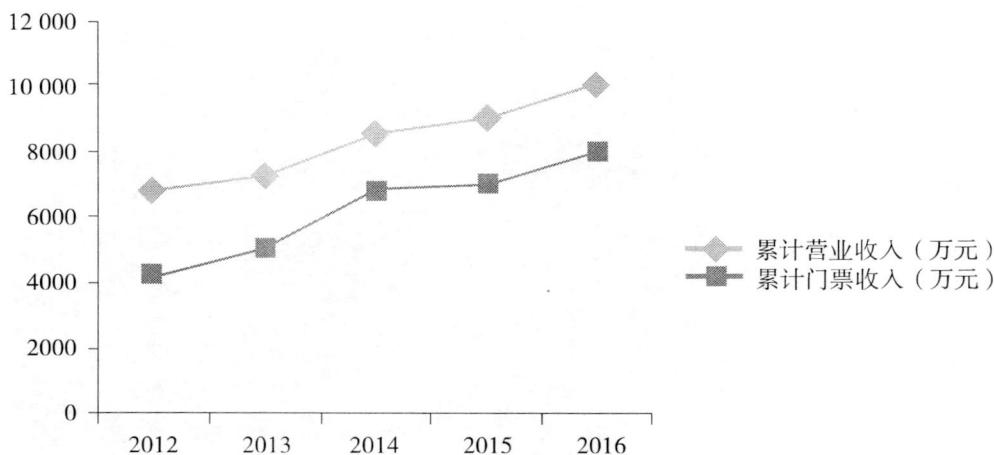

银川市西夏区镇北堡西部影城累计年收入统计

（数据来源：《银川市西夏区镇北堡影视小镇规划》）

镇北堡西部影城是镇北堡最重要的旅游资源，除此之外，镇域内还有瑞信温泉小镇、兰一山庄、万义生态园，志辉源石酒庄等休闲度假景点。贺兰山自然风景名胜区、滚钟口、苏峪口、贺兰山岩画等景区景点在镇北堡镇区周边呈放射状沿山分布，是宁夏最具特色和最富有优势的旅游发展带。

（三）产业明确

特色小镇的打造，必须结合产业规划统筹考虑，才能保持小镇持久的繁荣。选择和培育一个适合小镇自身发展的产业，能凝聚人气，吸引人流、物流、资金流，同时能促进就业、繁荣市场，才能成为小镇发展的有力支撑。

平罗县陶乐镇以康养为小镇开发的出发点和落脚点，通过生态恢复、生态建设，大力发展休闲旅游和绿色健康有机农业，扶持健康养生产业的发展，将陶乐镇建设成为经济繁荣、布局合理、产业聚集、商贸物流兴旺的特色小镇，以现代特色农业为基础，以休闲旅游产业为龙头，使人民生活水平稳步提高，基础设施不断完善，生态环境友好，社会、经济、生态协调发展的平罗县经济次中心，打造平罗县河东区域经济增长极和战略延伸点。

第二节 宁夏特色小镇文化建设经验

从2017年开始，首批10个自治区级特色小镇培育建设工作开始，以期示范带动全区特色小镇建设发展，鼓励各市、县（区）结合实际开展特色小镇培育创建工作。首批自治区级特色小镇在特色文化建设中有着一些非常切实可行的建设经验，特色小镇建设、发展的源泉就是特色文化，这使特色小镇在建设、发展中不断展现出了生命力。

一、特色文化对于特色小镇建设的意义

（一）有利于体现小镇独特价值

特色文化将小镇当地独特的生活风貌、民俗风情、自然风光、历史背景充分展现，进而充分发挥独特的优势。小镇所具备的特色文化，可以完美地将视觉内涵、精神内涵二者融合统一，将小镇独有的、与众不同的精神气质和个性特征充分彰显，还可以完美地展现出小镇建设与发展的独特品位、优势以及小镇的生命力。

（二）利于推动特色小镇产业转型

推动特色小镇的发展和建设，不仅意味着将小镇原有的资源、项目和产业进行整合、融合，也意味着充分体现小镇的文化价值要依靠文化产业的发展得以实现。如今，文化产业已经随着"文化＋"的理念引导，从单独存在的产业成功转型，汇聚了更高层次的技术、资本和人才，以总体发展为理念，不断寻求创新、突破，大力推动产业聚集、产业升级。

陶乐镇是多元化文化交汇的特色小镇。融入了丝路文化、黄河文化、边塞农牧文化等文化元素。拥有沙湖生态旅游区、拉巴湖沙漠生态旅游区、庙庙湖生态旅游区、天河湾湿地公园、马兰花影视基地、特色农（渔）家乐等

旅游资源。针对特色文化发展初步形成规模的产业有沙漠生态旅游业、养生养老产业及现代休闲农业。

1. 沙漠生态旅游业

陶乐镇的庙庙湖生态旅游区、拉巴湖沙漠生态旅游区以及天河湾湿地公园等旅游景区因有沙有水风貌独特已具备一定的游客吸引力。

2. 养生养老产业

陶乐镇现有特色农家乐十余家，形成了依河而居、依河而养、依河而生、依河而游的乡村新模式。自治区级养老服务中心位于镇区中心，该服务中心是全国唯一一家省级跨县区五保老人集中供养的养老服务机构，共设有床位500张，现服务老人300名。

平罗县陶乐康养特色小镇镇域生态旅游区现状

（图片来源：《平罗县陶乐康养特色小镇规划》编制单位：宁夏建筑设计研究院有限公司）

平罗县陶乐康养特色小镇镇域乡村农家乐

（图片来源：《平罗县陶乐康养特色小镇规划》编制单位：宁夏建筑设计研究院有限公司）

平罗县陶乐康养特色小镇自治区级养老服务中心

（图片来源：《平罗县陶乐康养特色小镇规划》编制单位：宁夏建筑设计研究院有限公司）

3. 现代休闲农业

陶乐镇建设绿色、高端、安全瓜菜园区3个，引领河东区域种植西瓜2.5万亩、建设西甜瓜4000棚；在五堆子和庙庙湖移民区发展茄果类、叶菜类为主的沙漠瓜菜6670亩，带动了种植业快速发展。

（三）利于产生精神合力的创新发展

特色小镇在特色定位方面，不仅体现在物质、文化的发展和创新，更将创新的精神与发展理念实现了有机融合。

陶乐镇联动周边沿黄生态景观、现代观光农业和"沙""湖"特色景观，通过发展农家养老、旅居养老来拓展养生养老区位功能；通过发展黄河湿地景观体验来联动湿地休闲与养生板块。现代观光农业示范区，庙庙湖区域的乡村观光体验、高端畜牧养殖，以及现代农业示范区的优质瓜菜种植，为小镇绿色环保、养生板块提供了基础供给。向东与"沙""湖"特色景观板块联

平罗县陶乐康养特色小镇现代农业园区

动，为小镇的旅游观光增添了更加多元体验，和小镇的观光体验、特色美食等有机联通、功能互补。

二、特色文化在特色小镇发展的形式

（一）文化借取形式

文化发展，作为特色小镇中动态、逐步演进、开放的发展过程，宁夏一些特色小镇，在文化特色建设、发展的过程中，都对小镇外部的力量进行了巧妙的借取，利用这些力量生发出更多的创意，形成小镇独有的特色文化。

1. 异地文化的借取

在很多人的心中，美景并非在眼前，而是在远方，一些小镇将异地的文化元素融入了小镇的发展中，使其成为了别具风情的复合型特色小镇，身在小镇其中，会充分感受到"异国他乡"的别样情调和风土人情，无形之中就推动了不同文化的碰撞，这种碰撞产生的火花，俨然已经成为了小镇文化建设、发展过程中的一抹艳丽色彩。

如永宁县闽宁特色小镇，就借取了福建闽南及闽都文化来进行小镇的建筑风貌设计。

永宁县闽宁特色小镇闽南风格商业旅馆

（图片来源：《宁夏·永宁县特色小镇规划》
编制单位：宁夏建筑设计研究院有限公司）

永宁县闽宁特色小镇闽都风格商业街

（图片来源：《宁夏·永宁县闽宁特色小镇规划》
编制单位：银川市城市规划设计研究院）

2. 影视、小说文化的借取

一些小镇在文化借取上，挪用了影视、小说中特有的场景、人物和故事背景，若说这是一种文化上的借鉴，倒不如更确切地说这是一种情怀上的借取。这一类文化，最大的特色就是有着大量的受众，借助影视、漫画或是小说中具有代表性的文化，并衍生出相关产品和产业，构建小镇独特的

镇北堡小镇中《大话西游》场景再现（张绍慧／摄）

"情怀"，可以产生极具魅力的文化吸引力。如镇北堡小镇中关于《大话西游》中的场景再现。

3. 生活文化的借取

将生活主体融入小镇的文化建设发展中，即在小镇中借取平凡生活中所向往的内容，并围绕这些内容打造独特的主体，可以不断延伸出更多的主体。如良田观光农业小镇，就是把农业生活进行强化并且延伸，以此来打造观光农业。

（二）文化传承形式

中华民族优秀的传统文化是各个特色小镇和村庄的文化标志以及特色符号，每一个小镇中所传承下来的传统文化，都凝聚着祖祖辈辈的传说和记忆，是小镇人的心灵归宿和精神上的寄托，而这种文化，也正是小镇吸引远方的游客慕名而来。

1.历史遗产资源的传承

依托当地的民族文化、民俗特色、历史遗产等多类资源，在尊重历史、尊重传统的基础上进行挖掘，依据历史遗留下的脉络进行发展，在小镇建设期间融入历史文化和旅游业态，打造极具特色的旅游胜地。

永宁县位于银川市区以南，杨和文旅小镇是借鉴浙江等地特色规划的特色小镇，位于杨和镇，紧邻永宁县城，距银川市河东机场18千米，距银川火车站35千米。小镇地理位置优越，交通便捷。

小镇内分布有纳家户清真大寺（古建筑）、汉延渠永宁段（干渠及水工构筑物）等代表性建筑。非物质文化遗产主要有民歌、民谣、民间故事、神话传说、二毛皮、柳编、绳编、刺绣、剪纸、砖雕、社火、金丝沙画、贺兰砚等。

纳家户村的纳家户清真大寺始建于明嘉靖三年（1524年）距今近500年历史，占地面积2.3万平方米，建筑面积6 900平方米，呈东西长方形，是典型的中国传统四合院式建筑群。

纳家户村是永宁县（杨和镇）的经济、文化、商业贸易中心。纳家户的"纳"姓回族已在此居住近500年。历史上的纳家户修建寨墙，开挖护城河，寨墙东西长400米、南北长600米，墙高9米，顶宽3米，由黄土夯实而成。

杨和文旅小镇初步构建了休闲聚集区。以"文化＋旅游"为中心思路，以产业为基础，定位文化旅游产业为特色小镇主导产业，布局了展演、博览、科普、观光、休闲、度假等不同类别产业业态，构建了主导产业项目库，形成了宁夏地区极具特色的文化产业示范基地和文旅休闲体验目的地。

2.自然资源的传承

将祖先遗留下的自然生态作为基础，融入地方文化，利用小镇当地的传统资源，经过科学的利用、整合和开发，能够成为小镇文化的特色亮点。如银川掌政快乐康养小镇。

掌政镇镇域面积约118平方千米，东起黄河以西，西至银川外环，南起银青高速公路，北至贺兰山东路以北1千米，是以新兴服务业、旅游度假、生态宜居三大业态为主的银川市域东部重点城镇。

掌政镇辖区自然景观与农业景观条件优越，有鸣翠湖、赵家湖公园、典农公园，有众多农家乐、渔家乐、花家乐。檀溪谷水世界和鸣翠湖滑雪场吸引大量游客；依托国家湿地公园鸣翠湖，规划建设居民区、疗养区、创业园区、休闲康养、城市广场、旅游景区等配套功能片区。

掌政镇的核心特色资源是其丰富的地下水资源，鸣翠湖、碱湖、孔雀湖、官湖、清水湖、北徐湖、闫家湖、周家湖、赵家湖、陈家湖、永二干沟、惠农渠等。其中鸣翠湖国家湿地公园最为突出，是我国第三家国家林业局命名的国家湿地公园，同时也是黄河流域、西部地区第一家国家湿地公园，国家4A级旅游景区，总面积约666.7公顷，其中湿地533.3公顷（水域面积280公顷，镇区内水域面积74公顷），野生鸟类、湿地生物等自然资源丰富。享有"中国最美的六大湿地公园之一"的美誉。

掌政镇内的湖泊湿地大多具有一定的规模，湖水清澈，芦苇丛生。借助其丰富的水资源，掌政镇开发了大量休闲旅游项目和以"水"为主题的旅游项目，包括：鸣翠湖国家湿地公园、黄河高尔夫俱乐部、檀溪谷欢乐水世界、天地缘万亩花卉园、董洋农业园、广勤垂钓休闲运动基地、赵家湖公园、河滨公园、典农公园等。通过文化传承、产业升级、环境优化等发展策略，掌政镇以打造集特色农业、康养度假、休闲娱乐为一体的银川近郊休闲康养基地为目标。

3. 名人文化资源的传承

每个地域出现过的历史名人，都会有力带动当地的文化发展，因此历史名人，也是中华民族资源中的重要遗产。在我国特色小镇建设大潮中，很多小镇都着重于将名人文化作为地方文化底蕴中的精神象征，通常以名人故居、名人暂住地、名人事迹发源地等作为文化宣传的亮点，银川市西夏区镇北堡镇的镇北堡西部影城就因张贤亮的推举而被大家熟知。

镇北堡西部影城位于银川市西夏区镇北堡镇，由作家张贤亮于1993年9月21日创办。镇北堡西部影城以古朴、原始、粗犷、荒凉、民间化为特色，主要景点有明城、清城、老银川一条街等多处影视拍摄景观组成。镇北堡镇打造的以影视产业为主导的特色小镇，也是基于镇北堡西部影城为依托。镇北堡西部影城的总资产已超过2亿元，其投入产出比之高堪称典范，因此被认为是宁夏最成功的文化产业之一。其主要原因是张贤亮自身的品牌效应。身为名人的张贤亮接受过多次采访，除宁夏本地媒体外，中央媒体以及德国、瑞典、法国、新加坡的电视、报刊也都对其做过访问。而在每一次采访中，影城是必不可缺的话题，这样的宣传不仅替影城省下一大笔宣传费，而且其效果比单纯宣传更好。记者在采访中了解到，不少外地游客去影城旅游首先是冲着张贤亮的名气。由此可以看出名人文化资源对于特色小镇建设的影响。

（三）文化创新形式

随着社会发展变革，在发展特色小镇文化的过程中，必然从单一的发展方向转变为多元化的发展方向，将发展方向聚焦于环保行业、时尚领域、旅游行业、信息经济行业、金融行业、健康行业以及高端装备制造行业，将企业文化、旅游文化等多种类型融合到小镇的文化特色中，通过资源的聚集、激活，转化为创新成果，使特色小镇的文化发展具备丰富的活力。

1. 时尚创意

时尚创意，是特色小镇中的一种文化创新模式，这种文化定位于时尚产业，以文化作为深度、时尚作为广度，融入了设计、研发、销售、展示、旅游、休闲、教育等多种元素为一体，完美地与国际进行接轨，引领时尚的潮流。如华夏河图生态艺术小镇。

华夏河图生态艺术小镇位于黄河西岸，西距银川市中心城区8千米；滨河新区、河东机场、空港物流园区毗邻。

艺术小镇旅游资源丰富，有银川当代美术馆、雕塑公园、稻田公园、禾乐村等，其中银川当代美术馆占地约35亩，建筑面积达15 000平方米，是中国西北最大的单体美术馆。除此之外还规划有国际学校等教育、旅游休闲娱乐项目。

华夏河图生态艺术小镇以国际文化艺术交流活动为核心，以文化生态旅游为基础，构建国际文化艺术产业聚集区，创建国际文化交流中心和国家级文化产业园区，打造沿黄区域文化、旅游地标，辐射银川周边。同时还成为多元文化艺术创作、文化交流和教育平台以及国际间文化与艺术活动的展示平台。

2. 区位新型文化

特色小镇在建设、发展过程中，凭借自身的区位优势，以四位一体的发展理念（文化、旅游、产业、社区）而发展出的文化模式。

3. 产业创业创新

这一类文化的创新，是以高端制造、金融创新的特色小镇为代表的创新方式，如贺兰县洪广生物科技小镇。

洪广镇地处贺兰县西北部，距离贺兰县人民政府所在地31千米，东南与常信乡为邻，北与平罗县崇岗乡、前进农场相连，西入贺兰山。镇区距银川市区42千米，距离石嘴山市45千米，镇域总面积298.6平方千米。该镇位于沿黄经济城市带，在银川城市经济带辐射范围内，是银川市的重要交通、工业物流重镇。

洪广镇在实施区域协调发展战略期间，以打造生物医药、新材料、装备制造与新型建材、高端精细化为主导产业的生物科技特色小镇，近年来吸引了不少科技创新企业入驻，银川生物科技园就是其中重要的入驻企业。园区现已初步显现出生物科技产业链集聚的较强效应，并以生态建设和科技创新促进产业升级转型，大力发展新材料、装备制造、精细化工、生物制药，形成了以新材料、装备制造、精细化工和生物制药为主导产业的特色示范区，致力发展为"宜业、宜居、宜产"的三位一体的特色小镇。

三、特色小镇文化建设、发展的几点思考

（一）科学规划小镇、突出文化内涵

在对小镇特色文化进行规划期间，首先需要充分考虑规划的衔接性，加速策划到规划、整体到局部的整体发展规划，并结合土地利用规划和城镇总体规划，高标准进行小镇功能定位的规划。其次，需要明确小镇发展的开发边界，将偏离定位区域的区块尽快剥离，让小镇的产业定位、投资规模都符合小镇的创建要求，确保小镇在空间形态方面满足"精致紧凑"，避免文化产业无序、盲目扩张。再次，小镇的建设需要充分展现出特色文化元素，在规划期间，应将小镇重点的项目尽量集中于特色小镇的核心区域，小镇硬件建设、基础设施的配置也要迎合产业的特色。

（二）注重政策架构、做好服务保障

在发展、建设特色小镇文化期间，需要将国家的政策作为导向，将服务作为发展的保障，不仅要靠政策扩展建设的空间，还要依靠优秀的服务提高竞争力。

1.统筹思维、系统设计

在建设、发展特色小镇期间，不可以盲目跟风建设发展，也不能一蹴而就，特色发展需要当地政府认真对历史、地理等鲜明特色展开深入挖掘、合理规划，进而做好地区范围的设计。在设计期间，需要以当地文化内涵为中心，以小镇功能分布、定位产业发展方向、规模作为引导，在特色小镇的功能设计、建筑风格、设施等方面进行统筹思维，避免形成千镇一面的现象，让每一个小镇在建设、发展的过程中都呈现出匠心独具、独一无二的特色风貌。

2.破除体制障碍

在特色小镇建设、发展中，需要围绕打造特色文化目标，以当地文化发展的实际情况为依据制定文化制度、文化政策，破解阻碍文化产业健康发展的障碍。

3.全力打造优质服务

为确保小镇可以获得健康、可持续发展并提高核心竞争力，就需要构建优良的政务环境，在服务上多做文章，最大化突出服务的创新性、配套性、优质性，围绕当地文化产业的产权保护、税收、人才引进、版权交易等内容制定合理的政策，从而营造具备公平性、规范性的市场环境。

（三）注重产业的融合、转型、提升

1.坚持将文化摆在发展第一位

需要坚持产业在文化范畴中发展，需要明确产业发展的方向和主题，即满足小镇人群越来越多的精神文化需求。在发展文化产业期间，需要将社会主义核心价值观作为引领思想，坚持以文化精神、文化名人融入特色小镇的文化产品中，从而发扬中华民族地域特色文化。

2.坚持文化产业的完善

首先要将特色小镇的基础设施加以完善，便利小镇人群的生活条件，使优越的文化空间成为产业的基础。文化产业是推动特色小镇内在涵养，提升小镇发展的核心竞争力。

3.坚持将文化产业与其他产业融合

作为产业转型、产业升级的必然途径、产业融合已经是特色小镇健康发展的必然趋势。文化产业是一种渗透性强、关联性强、综合性强的产业。将文化产业与旅游产业、金融产业、制造产业等进行融合，不仅可以树立文化产业的大视野，更可以不断提高特色小镇文化产品的文化品位和精神内核，真正实现特色小镇的"文化立镇"。同时，将文化产业与其他相关产业相互融合，还能有效使文化小镇的文化理念、价值、创意渗透到其他产业中去，并与相关产业的设计、研发相互融合，进而提高产业的附加值、推动其他相关产业快速的转型升级。

第三节 宁夏特色小镇发展方向

在城镇化建设的大背景下，未来城市格局将由摊大饼式的巨无霸城市过渡为矩阵式、网状的城市群落，而特色小镇将是这些城市群落的基础细胞，同时也是推进中国新型城镇化建设的重要组成部分。

未来的宁夏特色小镇，将成为改变宁夏城乡二元结构的重要推手，从而建立更和谐的社会群落关系，也将成为推动供给侧改革和新经济增长的重要抓手。

有人说产业是灵魂，有人说人才是灵魂。如果思考者站在自己的角度去考虑这个问题，那么得到的答案无疑是片面的。实质上，特色小镇这个名字本身并不重要，叫不叫特色小镇也无所谓。包含生产、生活、生态的"三生融合"的开发理念和代表城镇化的发展趋势才是最重要的，只要按照这个理念开发的区域，都可以叫特色小镇。针对宁夏特色小镇的发展方向，我们概括出以下四点。

方向一：以产业为驱动。以产业园为核心动力区，定位准确产业功能式、升级式聚集，形成产城一体化的特色小镇。后期产业驱动地产开发，依托稳定人群，衍生出相应的居住、商业等需求。

方向二：以人群为核心。对于房地产刚性需求，根据人群进行配套的特色小镇。以第二居所、同城养老为基础，配合生态农业、医疗教育、老年大学、社群经济等。在这一方向中可以先去开发、培育人群，然后组织专业团队，依托社群形成核心动能。

方向三：特殊的方向。文旅类特色小镇，依附于具有开发价值的自然或人文景观，产业和人群互为依托，两者同步开发；文旅一方面可当成一大支撑产业，另一方面又可以配套其他产业一同发展。

方向四：商贸小镇方向。此方向依托资源配套，如基础设施、交通，以物流、商贸、电商为主，加入居住、休闲、体验、生活服务等配套，产业和人群也是互为依托，两者同步开发。

第五章　宁夏传统村落文化

　　传统村落是指拥有物质形态和非物质形态文化遗产，具有较高的历史、文化、科学、艺术、社会、经济价值的村落。中国传统村落保护与发展研究中心于2013年6月成立于天津大学，依托天津大学冯骥才文学艺术研究院组建的国家级传统村落保护研究机构。至此，全国研究传统村落保护的现状问题与对策思考等专项课题陆续有了成果，并且很多地方对此领域的研究已经引起了当地政府的高度重视。

　　2012年，在宁夏有4个村落跻身首批中国传统村落名录时，宁夏只有"宁夏回族村落民俗文化档案资料整理研究"和"宁夏回族村落民俗文化变迁与保护研究"两项专题研究。目前对宁夏传统村落进行系统的调查与研究，挖掘传统村落的文化价值和意义，把传统村落的文化遗产作为传统文化的"根脉"进行研究，虽然提出应用对策但还未形成研究成果。因此，在已经有意识保护传统村落文化的背景下，在宁夏实现跨越式发展，着力建设人与自然和谐的生存环境的新形势下，研究宁夏传统村落对建设"美丽富裕新宁夏""特色小镇""一带一路中的宁夏"与宁夏的全域旅游等思路具有应用和参考价值，会给宁夏的文化建设带来影响和效益。在挖掘民族文化遗产与传承历史文化方面，起到积极推动作用。

　　对宁夏传统村落的调查与研究，是民族文化的自觉，有其突出的文明价值及文化传承价值。中华民族拥有5000年农耕文明史，而传统村落，是承载乡土中国久远记忆的"根"和"魂"。然而，随着工业化、城镇化的快速发展，传统村落消失现象日益加剧。这是现代化带来的一个负面效应。传统村落的保护就是保护民族文化的记忆。

　　传统村落的消失会对传统文化的传承造成极大的损失。比如传统家庭的逐渐变化，意味着人际关系的变化、家庭伦理结构的变化，也意味着传统价值的变化乃至消亡。因此，选定特色村落，进行个案研究，走访、口述与实地调查研究相结合，以文字和图片记录宁夏传统村落的变化。

　　传统村落必然和城镇化、现代化有关。传统村落的破坏与消失，毁掉的不仅是古民居、古建筑，更重要的是其蕴含的历史信息和民俗文化。湖南大学教授胡彬彬说："大批传统村落是中华民族乃至人类的文化遗产，一夜之间，却成为永远的文化遗憾！""从某种意义上说，毁掉传统村落，就是毁灭中华民族的历史文化"。所以传统村落的消失，民风、民俗、语言习惯的消失，就是民间生存方式和民族记忆的消失。失去了民族文化记忆，会让人找不到"回家的路"。换言之，作为乡土、民间、传统、农耕等文化符号的传统村落的文化价值是不能丢失的。传统村落是民间文化的记忆，是"传统文化的明珠"，其历史、科学、社会、经济价值也许会找到替代的载体，但是传统村落的非物质形态的文化价值是"不可再生"的民族文化遗产。

　　在"现代化情结"之外，保留"乡土情结"的文化符号标志，让现代人能够找到"回家的路"。而用图片和文字相结合的方式，为特定的时代留存真实的记录，是另一种意义上的"为故乡山河立传"。

第一节　宁夏传统村落现状

　　2012年在国家公布的首批646个中国传统村落名录中，宁夏有4个村跻身其中，分别是：中卫市沙坡头区迎水桥镇南长滩村、中卫市沙坡头区迎水桥镇北长滩村、固原市隆德县城关镇红崖村一组、固原市隆德县奠安乡梁堡村一组。2016年第四批只有宁夏吴忠市利通区东塔寺乡石佛寺村入选。

中卫市沙坡头区迎水桥镇南长滩村（展帆／摄）

从第一批入选的村落来看，南长滩村，有历史、有遗址、有古树；毗邻黄河、高山、长城，它的特色文化是"世外桃源"式的。契合了活态文化生活遗存保护的需要。

南长滩村因处在黄河边狭长的河滩地而得名。据说西夏时期党项族的一支拓跋氏来到此地建立村庄居住，现在村里的人多姓拓，并保留完整的族谱。但考古工作者发现，拓跋氏绝非南长滩村最早的居民，该村东北侧的断崖地层发现一处秦汉时期人类居住过的遗址，证明至少在2000多年前就有人类在这里居住生活。考古工作者还在南长滩村附近发现了秦汉文化层，地层内留有人工铺垫的红色石片基座，还有当时人们在此居住时长期使用过的陶器残片及建筑用瓦数件。此外，在秦汉遗址地层之上南约70米处的村民院落外侧崖壁处，还发现元、明时期的文化层，并发现了较丰富的粗瓷片等，推测这里可能是拓跋氏生活的痕迹。

南长滩村现存500年以上的古树5棵，100—400年之间的古树100余棵。村落依山临河，沿黄河岸边为带状分布的农田和果林，在较高的台地之上为村落居住带，房屋多坐北面南集中而建。这里有黄河、高山、长城，还有茂密葱绿的果林、农田与纯朴的民风民俗，犹如与世隔绝的"世外桃源"。

北长滩村坐落于崇山峻岭中的黄河北岸，与南长滩遥遥相望。这里具有浓郁的西北农村特色，有深厚文化内涵的历史遗迹，如黄河卵石石器遗址（榆树台子）、明代长城、战壕、传统民居、祠堂、水车等，还保持着完整的族姓延续。走进北长滩村，犹如走进了历史中的西北农村。

红崖村一组位于六盘山脉，因其位置偏僻，受历史战乱等影响较小，近年来也没有发展工业和进行过多的村庄建设，使传统村落得以完整保存至今，现存的寨门寨墙和原有的空间轮廓就是很好的见证，这在北方传统村落中是较为罕见的。红崖村到处展示着石头建筑的风采，石碾、石磨、石墙、石村门、石板路、石桥，无论是建筑材料还是风格，都代表了南部山区地方民居特点。此外，红崖村红色历史文化厚重，至今仍保存着一些近现代的革命遗迹。

中卫市沙坡头区迎水桥镇北长滩村水车（冯晶晶／摄）

中卫市沙坡头区迎水桥镇北长滩村传统民居（冯晶晶／摄）

隆德县城关镇红崖村石墙（展帆／摄） 隆德县城关镇红崖村石墙老巷子（展帆／摄）

梁堡村靠近水源，自元代以来，这里是西通陇佑的孔道，丝绸之路要冲，是当地的贸易集散地。古堡长170米、宽70米，是宋代防御性建筑。1920年海原大地震震塌了堡墙，由村民对堡子重新进行修补。梁堡村的古建筑至今还散发着生命的活力。这些明清建筑的堡内，如今还居住着17户人家，建筑多为传统的三合院、四合院，土墙石门、青瓦木窗、雕梁画栋勾画出一个古老沧桑的传统村落。古堡历经几百年，仍保存完好，在当地乃至周边地区非常罕见，对研究当地建筑形式和文化提供了十分重要的实物依据和较高的文物

隆德县奠安乡梁堡村梁堡堡　隆德县奠安乡梁堡村青瓦木窗传统民居（冯晶晶／摄）
（冯晶晶／摄）

史料价值。

从宁夏的村落入选中国传统村落名录来看，数量太少。这说明宁夏传统村落研究起步晚，研究相对滞后。目前宁夏社科院有专门的宁夏传统村落文化研究机构；宁夏师范学院的村落研究隶属于固原历史文化研究中心。2016年6月宁夏师范学院与北京市社科院、宁夏社科院联合召开了"第二届中国古村镇保护与利用学术研讨会"，宁夏的更多学者才将研究视野第一次投向该研究领域。研究者主要是宁夏社科院的一批学者如薛正昌、张玉梅、郭勤华、吴晓红、黄鑫、王玉琴、张耀武、马宝妮、张明鹏、负有强、保宏彪、杨云、贾虎林、马静、廖周等。另外宁夏师范学院的赵耀峰、冯敏、刘衍青等几位博士也在进行相关的村落文化研究。

住房城乡建设部和国家旅游局根据《关于开展全国特色景观旅游名镇（村）示范工作的通知》（建村〔2009〕3号）等文件的相关要求，在2010年、2011年、2015年三次公布的全国特色景观旅游名镇示范名单中，宁夏有11个村镇入选：银川市兴庆区掌政镇、银川西夏区镇北堡镇、吴忠市青铜峡镇、吴忠市峡口镇、固原市泾源县泾河源镇、固原市泾源县六盘山镇、中卫市沙坡头区迎水桥镇、吴忠市利通区东塔寺乡穆民新村、固原市隆德县城关镇杨店村、中卫市沙坡头区迎水桥镇北长滩村、中卫市沙坡头区迎水桥镇南长滩村。在这个文件里，宁夏的名村镇数量上有了很大的突破。这表明，宁夏的传统村落研究急需加大研究力度，急需将传统村落文化的保护与利用与时代背景、国家政策联系起来。

据冯骥才先生的研究显示"自2000年至2010年，我国自然村落由363万个锐减到271万个"，平均每年减少9万个。北京大学旅游规划与研究中心的数据显示：在过去的十几年里，每天大约有300个自然村落在消失。住房建设部村镇建设司曾做过统计，目前全国"有较高保护价值的村落已不足5000个"。宁夏社科院的郭勤华在研究中指出："依2030年中国城镇化率将从2012年的52.5%增加到65%左右，意味着还会有3亿农村人口进入城镇工作生活，自然村落锐减的压力不容乐观，颇有价值的历史文化村镇正日益失于保护而濒临损毁，宁夏也不例外。"近些年宁夏的生态移民和退耕还林政策使三十万人受益，但是传统村落文化消失的现状，的确是不容忽视。

第二节　传统村落的文化保护

一、城市化进程中的传统村落

宁夏是一个相对封闭与现代化进程较慢的省区，恰恰保存了更多的农耕文化。乡村的生活方式和人际结构都相对完整，因此对宁夏传统村落的调查与研究也具有重要价值：第一，挖掘民族文化遗产，传承传统文化价值；第二，对传统文化科学合理地保护、修复，成为自然生态、人文环境的宝贵资源；第三，在"现代化情结"之外，保留"乡土情结"的文化符号标志，让现代人能够找到"回家的路"。

对宁夏传统村落的调查与研究，是民族文化的自觉，有其突出的文明价值及文化传承价值。中华民族拥有5000年农耕文明史，而传统村落，是承载乡土中国最久远记忆的"根"和"魂"。然而，随着工业化、城镇化的快速发展，传统村落消失现象日益加剧。这是现代化带来的一个负面效应。传统村落的保护就是保护民族文化的记忆。传统村落的人口状况、居住环境、家庭结构、自然环境、社会环境、人际关系、经济状况等内容都是本书研究的主要内容。

二、院落式乡村的保护与传承

院落式乡村，是中国传统村落的最基本的建筑形式。一般来说，就以四合院的格局最为常见。一般稍微殷实的人家都是上房、东房、西房，加上大门楼子组成四面紧凑的院落。少数分家不久的年轻夫妇，或先盖一间上房（北房），或先修一间偏房，等到人口渐多，或是经济条件好转，再盖起上房，大门楼子。背面、东西两侧的房都盖起来后，才成为正儿八经的四合院。

有了严实紧凑的四合院，也就有了一户独立的有名有姓人家。一个村子的人口繁衍就以这样的形式发展壮大。

院落式乡村，彼此在空间上并不连缀而是因地制宜，因户、因姓聚居生活。院落式乡村在结构上松散、自然，没有统一规格，不受太大限制。不像城市单元楼的组合，是排列、重复组合、叠加，是典型的空间排列组合艺术，是由单元的连缀构成"群"，是由"个体"到"群体"不断重复与组合。而院落式乡村每一个"个体"都是一个"典型"。因而院落式乡村是个性化的，与集体化、规格化、规模化的城市建筑单元楼、建筑楼群是不同的。

就目前的乡村发展态势来看，乡村的院落保存完整的已经很少了。尤其是移民政策以来，农民都"上楼"了，移民的住宅都是规格化、规范化了的，没有自由发挥的空间。

院落式的乡村就在时代的变迁中，在大规模城镇化的过程中消失了。

近年来，政府启动了古村落保护和乡村旅游等项目，意在保护古老的乡村文化。这无疑是留住乡村文化根脉的举措。

就中国文化而言，院落是安顿生命、安顿生活和安顿精神的场所。一道墙把一个家庭围起来以后，家里面是个独立的世界，院落是他们的天地。"中国的院落是内向性的，不是外向性的，而且有家庭的伦理秩序。"（余秋雨）北京有四合院，山西有乔家大院、王家大院、渠家大院，安徽徽派建筑有"天井院子"，苏州的园林、闽地的龙岩土楼、西北的"窑院"，在东北，在西南，在苏州，在粤桂，也都有着各种各样的院子。总之，在中国的大地上，无论院落大小，还是几进几出，都是中国文化"讲究内敛，不事张扬"的体现，再加上与当地的气候、风俗的结合，形成了各具特色的院子文化。

院子作为典型的中国居住形态，是中国人居文化的代表，中国人讲究天地人和、天人合一，院子反映的是一个家族兴旺，一大家子在一个院子里面，邻里之间相互照应，有空了在院子里散步、浇花、聊天，这是中国人特有的生活审美。

院落给一代又一代的人们，提供了一个安定、宁静、和睦、整齐、舒展的生活环境和历史记忆。敞亮的院子承载着百姓的日常生活，散发着经久不息的文化魅力。

现代社会几乎人人都在压力下生活，自然向往慢生活、绿色生活，而院子正好代表了这种闲适生活。吾心安处，即为家。院子是一个中国传统文化的符号，象征着家，象征着家族记忆，是中国人生命体验中最温暖的一部分。

庭院文化是中国传统居住文化的核心。真正的院落，承载了许多温情的故事。我们开始缅怀院落，怀念构成它的一砖一瓦、点缀它的一花一木、围成它的一天一地，更怀念它所承载的生活形态，它所反映的地域特征，它所体现的人文精神。

作为中国居住文化的精髓，"院落"这个传统文化符号需要被重新唤醒。

三、城市要反哺农村

城市在快速发展的同时，乡村正在凋敝，人类的生存空间和精神焦虑都面临危机。因此，保护乡村、建设乡村既是为人类建设慢生活的生存空间，也是对城市病的有效救治。

（一）乡村是资源供给者

土地、资源、劳动力，是乡村最大的资源和价值。在现代化过程中，城市就像一个掠夺者，为满足自己的超大规模和功能，任凭欲望的急剧膨胀。乡村就是在城市的现代化中急剧凋敝的。乡村的消失不仅让人有不敢触碰的乡愁，更让人类有无处可逃的惶恐。

如今，城市病已日益显现。环境恶化、道路拥挤、资源污染、物欲膨胀。城市的价值、城市的文明，再也不能满足人的生存与精神追求了。人类正在寻求新的生存方式和生存空间。"美丽乡村"的建设已经势在必行。广大农村，一个被城市发展过度忽视的生存空间，急需我们的建设与保护。

（二）城市如何反哺乡村

乡村是相对于城市的生存空间。乡村的整体发展是对城市功能的舒缓和平衡。

乡村生态环境的改造、基础设施的配套、人口的迁移、文化的建设等，在目前的发展已经刻不容缓。城市要对乡村进行精准扶贫，城市对乡村的反哺正当其时。美丽乡村的建设不能是又一轮的旅游热地的建设，这样只能加剧乡村环境的破坏。乡村必须作为城市之外的生存空间来建设，而不能以类似于城市的经济利益对农村进行"再度"的掠夺与侵占。乡村是人类的栖息地，更是中国人心灵上最后的情感依恋。乡村必须作为城市生存空间的纠正者被建设、被保护。

（三）乡村有区别于城市的独特价值

乡村不仅是舒缓与自由的存在符号，乡村还要有自己的独特价值。要让乡村自己发声，有自己独特的生存价值。

乡村的生产方式应该是生态的可持续发展。城市是"快节奏"，乡村就是"慢生活"。乡村应该是沈从文先生笔下"优美的、健康的、自然而又不悖乎人性的人生形式"。

优美就是要进行生态环境建设，包括自然环境、生活环境和精神文化环境。如此，"美丽乡村"才有美丽的外在形式。

健康就是生存空间的可持续发展特性。真正"美丽乡村"的内容应该包括健康、生态的粮食、蔬菜，积极的文化、精神需求产品。乡村的建设不能过度浪费资源，不能为一己私利，一味地污染环境，如河谷、山林、土地、荒原等。生存空间决定生存方式，乡村的建设不能重蹈城市建设的覆辙，要以可持续的发展形成健康的生存链条。

自然而又不悖乎人性的人生形式，就是"美丽乡村"建设中"优美"的形式与"健康"内容的高度融合。乡村的生存方式要提倡"慢生活"。慢生活是乡村区别城市快节奏的另一种生活形式。是人与自然和谐相处，人与自然契合的生存样态。人在村中，村与人合。相互依赖、相互补给，形成良性循环。但城市不能是乡村的俯瞰者，乡村不能成为粗鄙与落后的代名词。城市不再是高高在上的姿态，乡村是自足、自然、慢节奏的另一种生产方式与空间。农事活动既是农人的天职，也可以是城市人自由选择的休闲和体验方式。

城市与乡村的关系不是优与劣、高与低，而是快与慢、紧凑与松散的区别；是相互依赖、相互需要、相互取暖、相互补给、相互纠正的关系。

乡村是舒缓、自由、自足的，建设乡村是对快速发展的城市病的有效治疗，治理乡村就是在疗愈现代人精神焦虑症，建设美丽乡村就是在为现代人构筑一块心灵的栖息地。因此，乡村在生存空间上具有独特的精神意义。在后工业时代，乡村应该会有更大的独立价值。乡村的生存价值、精神价值会成为一种文化符号，超越实体而成为人类情感的故乡和心灵的栖息地。乡村作为"优美的、健康的、自然而又不悖乎人性的人生形式"的独特价值，必须要在城市的反哺中显现出来。城市也必须在对乡村的有所作为中，做到资源互补、结构平衡、相互需要，共同发展。这样，我们的生存环境和精神需要才会更加健康、更加安全。

四、宁夏传统村落建设要重建失落的乡土文化

传统村落建设首先要重建失落的乡土文化。伴随着现代社会的来临，乡土已经变得脆弱不堪。最终变成了鲁迅《故乡》里那种悲凉的情怀。虽然春节回家是一个巨大的文化符号，是中国人的精神和心灵寄托，但是大量村落的消失，故乡的气息最后的鲜活记忆，就是少年闰土的形象。随着乡土的失落，美好的田园风光，鲜活的乡村生命力，朴素的人情也随之衰落。乡愁，这种离乡人特有的心灵归宿和亲情寄托，这种对家乡人事的深深眷恋和无限惦念就成了游子们的共同情感。乡愁成了乡土失落，现代人寻找心灵寄托的情感共鸣。

中央电视台2015年推出的大型纪录片《记住乡愁》是对传统村落文化的回归和追寻。"乡愁是一碗水，乡愁是一杯酒，乡愁是一朵云，乡愁是一生情"。这是现代对传统的一次深情的等待和回望！

传统村落大都依山傍水，空气清新，风光宜人，自然风光陶冶着人们的心灵。生活在这里的人们，也与自然、动物和谐相处，维系着自然与村落的天然和谐关系。但是在急剧变化的现代化发展中，乡土遭到损毁，昔日的自然风景也已经不复存在。

其次，乡村丧失了鲜活的生命力。随着乡土的颓败，乡村成了失乐园。大多数村庄里门户紧闭，不闻人语犬吠。荒芜的不仅仅是田野，家风祖训、伦理秩序、向善恭敬等传统美德岌岌可危。

同时，乡土失落带来的最大失落是朴素人情的淡漠。由血缘、家族、亲情构筑的情感是乡土中国最大的生命力。费孝通在《乡土中国》一书中，描述中国乡土社会：血缘、亲族、家族、村落构成了中国乡土社会的基本架构——这种架构，自带一份血脉亲情，它成为乡土生命力的体现。中国传统的乡土，包含了一份亲情——即便血缘关系改变了，也依然保留着一份朴素的人情。无论是村庄、墓地，还是祠堂、庙宇，水井、学校，在这些乡土文化符号中，都凝聚着血脉和亲族的情感，最终积淀成了中国乡土社会的朴素人情。传统村落的文化根脉在商品经济大潮和人们"出走""留守"又难以回归的几十年中，渐行渐远……

城市化进程中，变迁的不只是地理和行政意义上的乡土，更有文化的乡土。宁夏传统村落建设在新时代的乡村振兴战略背景下如何进行新的内涵拓展，如何把握乡村振兴战略的关键点，如何落实党中央的顶层设计——"产业兴旺、生态宜居、乡风文明、治理有效、生活富裕"的总要求，如何为今后宁夏传统村落的振兴和建设描画蓝图等，都对"宁夏传统村落的调查和研究"课题提供了更加开阔的视野和方法。

第三节　宁夏传统村落保护中存在的问题及解决对策

一、宁夏传统村落保护中存在的问题

尽管被列入中国传统村落名录，但由于资金缺乏、开发利用不理想等原因，这些古村落都存在缺乏发展战略、历史建筑得不到有效保护等问题。

像北长滩村，由于资金缺乏，很多传统建筑得不到有效维修。一些重要

建筑，如双神庙、清代商铺大多破败不堪、年久失修，或者被作为杂物仓库，有加速损坏、濒临倒塌之趋势。近年来，一些具有地方特色的传统建筑陆续被拆除，现代建筑见缝插针，造成村落传统格局遭到破坏，地方特色风貌逐步丧失。村落内部公用设施缺乏，环境质量较差。

红崖村存在的主要问题一是缺乏村庄发展战略。二是新老民居建筑混杂。土坯民居建筑是红崖村的一大特色，但由于近年来一些年轻人建新房，热衷于砖房子和贴瓷砖，村庄新建筑逐渐增多，一定程度上影响了村庄整体特色风貌。三是历史环境遭到新破坏。红崖村在创建生态文明村和推进新农村建设中，将部分路铺成水泥路，使用水泥建造宣传栏。另外，村内部分生活垃圾倾倒在河道内，破坏了原有的环境。

红崖村的上述问题同样存在于梁堡村。此外，梁堡村位于隆德县奠安乡西南，对外交通联系不便，村落呈半圆形，四周被山体紧紧包围，村庄与对外公路仅通过一条3米宽道路相连，无论是居民出行还是逢旅游旺季外地游客进入，都十分不便。村庄经济基础薄弱，村庄产业以农业和中药材、苗木、经济作物为主，经济结构较为单一。

隆德老巷子建起了很多民居，也保留了一些农耕文化遗存和非物质文化技艺如剪纸、砖雕、泥塑、书法等。但是基本上再没有其他类型的活态生活，能吸引人、留住人进行深层体验的内容太少。具备了一点形式，但没有多少内涵。在这里还是要借鉴陕西韩城、袁家村、关中民俗博物馆和山西平遥古城的做法。

关于宁夏的村落布局，宁夏社科院的薛正昌先生有过详细论述，此处不赘述。但是有一点，村落文化和城市文明一样，都分布在水系沿岸。如南部山区的村落主要在清水河、茹河、泾河、好水河、葫芦河等流域，固原、彭阳、泾源、隆德、西吉等县区的村落就是依水而存。北部是黄河平原农业文明，因此孕育了沿黄城市带：中卫、中宁、青铜峡、吴忠、灵武、银川、贺兰、平罗、惠农、大武口等黄河两岸的村落大都沿黄河水系分布。在持续不断的城镇化进程中如何因地制宜保护好宁夏的传统村落，留存乡愁文化，保护民族文化根脉，这是摆在研究者面前的一份答卷。

二、宁夏传统村落保护的对策

如何让传统村落焕发新生机？宁夏回族自治区传统民居保护专家委员会委员燕宁娜认为，传统村落保护与发展，必须坚持规划先行的原则。

燕宁娜教授是西安建筑科技大学建筑设计及理论专业博士，现任宁夏大学建筑与城市规划系主任，中国民族建筑研究会民居建筑专业委员会学术委员，主要从事地域文化与乡土建筑方面的研究。她介绍，中国传统村落，原名古村落，是指民国以前建成的村落，2012年9月，经传统村落保护和发展专家委员会第一次会议决定，将习惯称谓"古村落"改为"传统村落"。

住房和城乡建设部、文化部、文物局以及财政部在2012年就联合编制了《传统村落评价认证指标体系（试行）》，依据此评价认证体系同时成立了传统村落保护和发展专家委员会及工作组对各省上报的传统村落进行评价与认证。评价认证体系包括村落传统建筑评价指标体系、村落选址和格局评价指标体系以及有村落承载的非物质文化遗产评价指标体系三大部分。其中每个部分有定量和定性评价指标两大类，内容十分丰富，能够全面、系统地对村落的各个方面进行考察与评定。

宁夏是游牧民族与农耕民族的交界区域，人口迁徙频繁、人口稀少，大多数从事牧业、狩猎业，生产力发展水平滞后，生活条件简陋、居住环境恶劣，故保留下来的传统村落十分稀少。目前，传统村落主要的分布区域位于南部山区，例如同心县王团镇南村、北村保留了一些古建筑和宁夏地区较有代表性的传统民居建筑。

燕宁娜教授认为，传统村落的保护与发展必须坚持规划先行，做到在保护和传承文化遗产的真实性、完整性和可持续性的同时改善村落生产生活条件。宁夏社科院的学者薛正昌先生近年来也致力于宁夏村落的研究。但整个宁夏有成果的专著不多。固原诗人牛红旗先生从2008年开始调研堡子文化，历时5年寻找并记录那些消失或即将消失的堡子。后来出版了《失守的城堡》

诗文图集，在社会上引起很大反响。2016年宁夏隆德县文物管理所所长刘世友先生先后编著了《隆德县文物志》和《中国传统村落——宁夏隆德红崖村梁堡村》，两部著作相辅相成，收录了"西北内陆的隆德县较好地保存了古老村落文化，意义重大"（西北师范大学《丝绸之路》杂志社社长冯玉雷）。

（一）建设发展，规划先行

要切实强化规划的科学性、实用性，在严格执行规范的基础上，着重落实以下六个方面：第一，进行村落特色定位，清晰划定保护区边界。定位就是对村落的特色进行凝练。依据村落自然、人文、建筑、景观等资源确定区划范围。如中卫市的南长滩主要是西夏时期党项族的一支拓跋氏来到此地建立村庄居住，并保留完整的族谱。远古先民的历史传说，是一个主要的文化资源，这是它的特色。隆德的老巷子主要是农耕文化和红色文化传统，因此所有的规划都要以此为依据延伸。第二，科学规划配置基础设施。重点对村落内部道路、给水、排水、电力、电讯、消防等进行梳理和规划。进行这部分规划首先要认真研究村庄既有布局、设施系统、文化习俗、生活习惯，按照"修补、修复、完善、提升"原则进行配置，形成完善便利的生活设施建设。在进行基础和公共服务设施规划时，要视村庄自然环境条件进行科学配置，既满足生产生活和发展需要，又避免因补建设施破坏村落原有自然历史文化肌理。尤其是要避免"破坏性修复"。第三，优化村落道路交通，满足宁夏全域旅游发展需要。内部交通要通畅，人行、车行都要方便通畅，不破坏原有自然和人文景观，做到"增美而不添丑"。第四，细化文物建筑保护和庭院整治规划，力求原汁原味。如隆德老巷子现存的石磨、水缸、砖雕、农具以及较为完整的明清土木结构的三合院、四合院院落建筑等。尽量还原农耕时代的氛围，体现黄土文化精髓。第五，加强环境绿化和生态环境保护规划。突出自然手法，减少人造景观。第六，树立生态理念。以生态化建设理念，进行景观物种选择、庭院治理、民居建筑修复和服务配套基础设施建设，还村落"原样""原味"，达到传统村落与周围山川环境、人文资源、建筑形式和谐互美的状态。

（二）村落保护遵循的原则

在传统村落开展建设活动的过程中，有的地方为追求现代化的生活，直接引进"城市理念"盲目发展现代农村，极大削弱了传统村落的遗存价值。为此，在改善人居环境建设活动中，要保护好每一处有价值的古建筑、古街道、古树等人文和自然要素。应坚持以下原则。

一是执行规划原则。充分发挥规划对实践的指导作用，坚持把"依规建设、按图施工"作为第一原则，严格按照批准的规划开展工作，确保规划执行中不走样。二是协同保护与发展原则。传统村落的发展以保护为前提，兼顾各方利益。村落的保护与开发，保护在前，开发在后。在传统村落建设实施中要修复生态、修复建筑。其材料、工艺、效果等都要力求实现原有事物的味道。避免出现不伦不类的破坏性修复和整治。三是生活再现原则。传统村落的项目建设应立足于对传统村落生产生活的功能性补充，尊重原住民的需求，要避免出现以搬迁居民为代价而进行环境改善的建设模式。只有真实的生活才有意义，否则就成为商业的开发和利用。要依据原村落生活形态，进行空间布局，建设更多开放停留、休憩的空间。四是突出文化特色原则。要突显村落原生文化资源优势，打造文化经典。特别是当地著名的乡绅文化、宗祠文化、家族文化、习俗文化等，要深度挖掘和整理开发。注重发展的特色化、差异化，彰显村落文化资源魅力。宁夏的传统村落在南部山区较多。彭阳、隆德、泾源和西吉的村落偏于耕读文化；海源和同心偏于商贸特色；原州区则彰显古丝路和中原文化。基于此，必须强调立足村庄自身特点，形成具有差异化和特色性的产业发展路径，逐步带动所在地居民的产业升级和转型，真正体现"以人为本"的保护与发展。

（三）动静结合的保护村落

任何一个传统村落都有其独特的环境资源，或山水，或人文，其自然地理和历史人文所形成的肌理，已经是旅游开发的先天条件。对旅游业态的梳理、引导和培育，吃、住、行、游、购、娱，要不断形成旅游卖点，经典旅游产品的包装、展演，或一栋房、一台戏、一本书，要创造吸引人、留住人，让人念念不忘的景和物，人与事，发挥优势，增强魅力。宁夏南部山区的旅游就要打"记住乡愁"的名片。因为现代城镇化发展和生态移民政策，农耕文化元素很多都消失了，生态移民在古建筑、祠堂、民居等方面也是弱势。这就要在生态恢复后的家园上打造让人找到记忆、找到"回家的路"，唤醒人的乡愁。有条件的因地制宜的保护，无条件的集中规划保护。

首先是静态的保护。静态保护可建立博物馆。如隆德的老巷子，在现有基础上充实生活内涵和文化内涵，恢复农耕时代的生活、民俗等。海原地震博物馆、西吉钱币博物馆等。还有隆德的明清土木结构院落建筑及隆德的北象山遗址、梁堡世德堂、三里店水库、桃山水库等。甚至隆德、平凉辖区的"左公柳"等。

以隆德为例，可以建农耕及民俗博物馆。隆德县总面积985平方公里，123个村落。是目前宁夏南部山区地域文化氛围最为深厚的地方。书法、绘画、剪纸、砖雕、泥塑、社火等都是很有地域文化特色的非物质文化遗产。刘世友先生在他的著作《中国传统村落——宁夏隆德红崖村梁堡村》里这样描述：生活在这里的人们，以亲缘、地缘、宗族、民间信仰、乡规民约组成的天然社会为纽带，形成强烈的村落认同感，继承且延续了农耕文明，保存并传承了农耕传统生活技艺。民间信仰（祖先、神灵、儒、释、道等），人生礼仪（人的出生、百日、周岁、成年、婚礼、病老、丧葬等）。崇文重教，注重礼仪，儒家文化根深蒂固，深入人心。形成具有地方特色的民俗风情、民俗活动、传统工艺、地方戏曲等。正是基于这些传统文化元素，隆德的村落文化应该是很丰富的。研究者们普遍认为，这片土地上的人，热爱土地和房屋，崇尚知识，厚道朴实，家家挂字画，户户有中堂，是典型的耕读传家的生活方式。非物质文化手艺口传心授，代代传承，地域传统文化依然在村落生活里鲜活存在。因此，建立博物馆，是一种静态的文化保护模式。这就是需要活化传统，探索未来的发展方向。这就需要专门的研究者考察、研究、整理、分类，汲取已有的研究成果，再进行归纳、概括、发现与总结，萃取传统村落文化的精华，大胆剔除其糟粕。需要站在新时代的高度，激活优秀传统文化因子，推动传统村落文化的现代性转化。2018

年宁夏师范学院校长助理徐燕博士获立的国家艺术基金项目《宁夏花儿数字推广平台建设》立足地域特色文化进行研究与创新应用，用新媒体技术，与互联网发展结合激活传统文化元素的典型范例。在传统村落文化博物馆的建设中，要因地制宜，提炼素材，精炼特色，要避免过度商业化和媚俗化。

隆德县城关镇红崖村（老巷子）（展帆／摄）

还有些特殊的地域文化元素，即使不能放在静态的博物馆，也要理由恰当，保护好遗址遗存。如隆德县内的"左公柳"。左公柳在陕西、甘肃、宁夏等地都有。如果对类似"左公柳"这种古树的历史渊源进一步挖

隆德县城关镇红崖村百家姓（展帆／摄）

掘整理，把左公柳和左宗棠的人生经历与隆德当地的生态文化结合起来，会进一步体现地域特色。

其次是动态的保护。第一，立足资源条件培植特色农业产业。在保证乡村原有生产生活方式没有质变的情况下，发展特色农业，走产业化道路，通过乡村土地流转等形式，推动特色农业的经营主体由传统的个体逐渐走向生产大户、家庭农场、专业合作组织或小型农庄。特色农业生产规模由个体运营转向规模化和产业化经营，采用现代化的管理方式，改变农村地区粗放、低效的生产方式，避免特色农业资源的流失。如隆德的特色花卉产业等，就是发挥了产业优势。第二，建设宜居宜业的生态环境。配套基础设施建设，包括道路、饮水、卫生、环境、居住等。第三，村落文化建设。建设特色文

化载体、特色文化活动、特色文化场地，打造尚德尚善风尚，深入研究传统建筑的原有技艺和形态，慎重选择修缮方式和修复材料。如隆德窑址、堡子、水库等的保护性修缮，合理确定建筑修缮和修复方案，避免出现破坏文化的盲目修复和整治。

在对传统村落文化的保护与利用中，很难纯粹的只用静态或是只用动态的保护。理想的状态是动静结合的保护。要抓住特色、合理定位、依法依规，特色化、差异化，彰显村落文化资源魅力，体现真正的"美丽乡村"建设。

（四）传统村落保护实施建议

一是加强领导；二是加强村落文化遗产管理，建立文化遗产保护档案；三是成立民间保护机构，培育稳定的保护管理人员和修缮队伍；四是协调开发与保护的关系，做好保护和开发相结合，适度开发旅游及服务设施科学配套；五是走可持续发展道路，与当地文管所、博物馆及周边高校科研院所合作，研究开发，合理保护与利用，提高当地人民生活水平，增加人民生活的幸福感。

中华文化的根，非物质文化的载体都在古村落，如果没有了村落，我们民族的文化遗产也就没有了。因此传统村落保护的重要价值不言而喻。

第四节　宁夏传统村落发展策略

一、乡村振兴战略与新时代乡村建设的顶层设计

党的十九大标志着中国特色社会主义进入了新时代，我国社会主要矛盾已经转化为人民日益增长的美好生活需要和不平衡不充分的发展之间的矛盾。为此，必须坚持以人民为中心的发展思想，不断促进人的全面发展，促进全体人民的共同富裕。报告中明确提出"加快生态文明体制改革，建设美丽中国"。对传统乡村建设，也必须以此为终极目标。摒弃城乡二元对立思维，

以和谐互补理念发展城市和乡村。应该说这就是党中央对乡村建设的顶层设计。报告明确指出："人与自然是生命共同体，人类必须尊重自然、顺应自然、保护自然。人类只有遵循自然规律才能有效防止在开发利用自然上走弯路，人类对大自然的伤害最终会伤及人类自身，这是无法抗拒的规律。""我们要建设的现代化是人与自然和谐共生的现代化，既要创造更多物质财富和精神财富以满足人民日益增长的美好生活需要，也要提供更多优质生态产品以满足人民日益增长的优美生态环境需要。必须坚持节约优先、保护优先、自然恢复为主的方针，形成节约资源和保护环境的空间格局、产业结构、生产方式、生活方式，还自然以宁静、和谐、美丽。"

（一）推进绿色发展

加快建立绿色生产与消费的法律制度和政策导向，建立健全绿色低碳循环发展的经济体系。推进资源全面节约和循环利用，实施国家节水行动，降低能耗、物耗，实现生产系统和生活系统循环链接。倡导简约适度、绿色低碳的生活方式，反对奢侈浪费和不合理消费，开展创建节约型机关、绿色家庭、绿色学校、绿色社区和绿色出行等行动。

（二）着力解决突出环境问题

坚持全民共治、源头防治，持续实施大气污染防治行动，打赢蓝天保卫战。加快水污染防治，强化土壤污染管控和修复，加强农业面源污染防治，开展农村人居环境整治行动。加强固体废弃物和垃圾处置，提高污染排放标准，强化排污者责任，健全环保信用评价、信息强制性披露、严惩重罚等制度。

（三）加大生态系统保护力度

实施重要生态系统保护和修复重大工程，优化生态安全屏障体系，构建生态廊道和生物多样性保护网络，提升生态系统质量和稳定性。

（四）改革生态环境监管体制。

加强对生态文明建设的总体设计和组织领导，设立国有自然资源资产管理和自然生态监管机构，完善生态环境管理制度，统一行使全民所有自然资源资产所有者职责，统一行使国土空间用途管制和生态保护修复职责，统一行使监管城乡各类污染排放和行政执法职责。生态文明建设功在当代、利在千秋。我们要牢固树立社会主义生态文明观，推动形成人与自然和谐发展现代化建设新格局，以建设生态文明和美丽中国的价值观为引导，对传统乡村建设进行顶层设计和规划，为构建新时代的乡村生态环境做出我们应有的努力！

2018年的中央经济工作会议，对实施乡村振兴战略做出了明确部署。中央农村工作领导小组办公室主任韩俊强调，乡村振兴是全面的振兴，包括产业、教育、文化、科技、治理、生态的全面振兴，强调的是农村的全面发展。他提出应重点从四个方面实施乡村振兴战略。

第一，加快推进农业农村现代化，必须高度重视国家粮食安全问题。现在，我们面临的主要是结构性问题。党的十九大报告提出，到2035年我国要基本实现现代化。那时粮食需求是什么样的状况？这是一个重大课题。

第二，实施乡村振兴战略要实现"强美富"。习近平总书记指出，中国要强，农业必须强；中国要美，农村必须美；中国要富，农民必须富。农业要强，从根本上来讲，必须依靠科技进步。农民要富，必须拓宽农民增收渠道，大力促进农民增收。农村要美，必须持续推进农村人居环境整治，提升农村基础设施和公共服务，为农民建设幸福家园和美丽乡村。

第三，实施乡村振兴战略与打赢脱贫攻坚战相辅相成。脱贫攻坚为乡村振兴奠定了坚实基础。打赢脱贫攻坚战，是乡村振兴最关键的任务。实施乡村振兴战略，可以巩固脱贫攻坚战的成果，为农民逐步致富创造有利条件。要瞄准特定贫困群众精准帮扶，向深度贫困地区聚焦发力，坚持问题导向，狠下绣花功夫，拿出过硬办法，注重扶贫同扶志、扶智相结合，激发贫困人口内生动力，扎实推进精准扶贫、精准脱贫各项工作，实现稳定、可持续的脱贫。

第四，实施乡村振兴战略要实现小农户和现代农业发展有机衔接。这是党的十九大报告提出的一个重要论断。这方面，政策的主要考虑是，既要注重培育新型农业经营主体、发展适度规模经营，也要重视扶持普通农户生产经营，挖掘小农生产潜力。要通过多种形式，发挥好新型农业经营主体的带动作用，强化服务和利益联结，把千家万户的小农带起来，使其成为现代农业发展的受益者。

实施乡村振兴战略与2018年中央一号文件为以后的乡村建设做好了顶层设计，为乡村建设带来了难得的发展机遇。宁夏传统村落文化建设与文化重塑同样迎来了新的发展契机。

二、乡村振兴战略背景下宁夏乡村建设机遇

新时代的乡村建设，必须要用新时代的理念。加强领悟，以乡村振兴计划为新的契机，宁夏传统村落建设将迎来新的发展机遇。

2018年2月5日，宁夏回族自治区农村工作会议在银川召开。会议强调，要深入学习贯彻习近平新时代中国特色社会主义思想，全面贯彻落实中央农村工作会议精神，大力实施乡村振兴战略，奋力开创新时代"三农"发展新局面。会议指出，党的十九大提出实施乡村振兴战略，这是以习近平同志为核心的党中央从党和国家事业全局出发、着眼于实现"两个一百年"奋斗目标、顺应数亿万农民对美好生活的向往作出的重大决策。习近平总书记在中央农村工作会议上的重要讲话，是实施乡村振兴战略的行动纲领，是做好新时代"三农"工作的根本遵循，为我们实施乡村振兴战略提供了强大思想武器。我们要深刻认识实施乡村振兴战略的重大意义，把振兴乡村作为实现中华民族伟大复兴的重大任务，以更大的决心、更明确的目标、更有力的举措、更扎实的作风，谱写新时代乡村全面振兴新篇章。会议指出，党的十八大以来，我们坚持以习近平新时代中国特色社会主义思想为指导，认真贯彻落实党中央决策部署，加大强农惠农富农政策支持力度，农业农村发展成效显著，农民生活水平大幅提升，为实施乡村振兴战略奠定了坚实基础。振兴乡村，是时代的呼唤、发展的必然、人民的期盼。要全面贯彻党的十九大精神，以习近平新时代中国特色社会主义思想为指导，全面落实习近平总书记视察宁夏时的重要讲话精神，加强党对"三农"工作的领导，坚持稳中求进工作总基调，

牢固树立新发展理念，落实高质量发展要求，统筹推进"五位一体"总体布局和协调推进"四个全面"战略布局，坚持把解决好"三农"问题作为全党工作重中之重，坚持农业农村优先发展，按照产业兴旺、生态宜居、乡风文明、治理有效、生活富裕的总要求，建立健全城乡融合发展体制机制和政策体系，深入实施"三大战略"，认真落实"五个扎实推进"，加快推进农业农村现代化，坚定不移走中国特色社会主义乡村振兴道路，让农业成为有奔头的产业，让农民成为有吸引力的职业，让农村成为安居乐业的美好家园，奋力开创新时代"三农"发展新局面。会议指出，要着力推动乡村产业高质量发展，进一步深化农业供给侧结构性改革，坚持质量兴农、绿色兴农，推进农业由增产导向转向提质导向，做实做强特色优势产业，大力培育新产业新业态新模式，夯实农业生产能力基础，构建现代农业产业体系、生产体系、经营体系，不断提高农业综合效益和竞争力。要着力推动乡村绿色发展，着力改善农村生产生活环境，再现山清水秀、天蓝地绿、村美人和的美丽画卷。要着力加强乡村文化建设，坚持物质文明和精神文明一起抓，大力弘扬和践行社会主义核心价值观，深入挖掘继承创新优秀传统乡土文化，大力推进农村移风易俗，提振农村精气神，增强农民凝聚力，孕育社会好风尚。要着力加强和创新乡村治理，深入开展扫黑除恶专项斗争，切实加强农村宗教事务管理，健全自治法治德治相结合的乡村治理体系，让农村社会既充满活力又和谐有序。要着力推进脱贫富民战略，坚决打好精准脱贫攻坚战，大力实施富民工程，拓宽农民增收渠道，补齐农村基础设施和公共服务短板，全面提高农村民生水平。会议强调，要切实加强和改善党对"三农"工作的领导，健全完善"三农"工作体制机制，建立"五级书记"抓乡村振兴责任制，加强"三农"工作干部队伍的培养、配备、管理、使用，造就一支懂农业、爱农村、爱农民的农村工作队伍。要深化农村改革，处理好城乡、农民和土地、培育新型农业经营主体和扶持小农生产、农民致富与壮大农村集体经济的关系。要强化规划引领，科学编制我区"三农"规划，因村制宜、精准施策、分类推进。要健全乡村治理体系，抓好"两个带头人"工程，切实发挥农村基层党组织战斗堡垒作用。

宁夏的农村工作会议在落实十九大报告精神，落实乡村振兴计划，落实2018年中央一号文件精神方面都做了全面部署。按照"产业兴旺、生态宜居、乡风文明、治理有效、生活富裕"的总要求，为今后宁夏传统村落的振兴和建设描画了蓝图。

如何做好乡村文化建设及路径优化工作，这是今后宁夏传统村落研究的主要内容。在这里，结合宁夏村落现状及实际结构，首先应处理好四个关系：一要处理好环境保护与旅游开发之间的关系；二要处理好乡愁文化的记忆与现实体验之间的关系；三要处理好乡愁文化建设过程中眼前利益与长远利益，局部利益与整体利益之间的关系；四要处理好乡愁文化的传承方式与文化载体的关系。尤其重要的是，在宁夏的精准扶贫战略实施中，要注意眷恋乡土文化，保护乡土文化。要把传统村落作为乡土文化建设的主阵地，把旧城老街等作为乡愁文化建设的主要承载地，要把乡土文化传承方式，通过家规家训、口头故事、饮食民俗、节日庆典等多样化形式来体现具有宁夏地域文化特色的乡土文化。

三、全域旅游视角下的宁夏传统村落发展

（一）全域旅游相关问题。

2017年3月5日第十二届全国人民代表大会第五次会议上，国务院总理李克强在政府工作报告中提出完善旅游设施和服务，大力发展休闲农业、全域旅游。

2017年10月18日在中国共产党第十九次全国代表大会上的报告中习近平总书记提出乡村振兴战略。农业农村农民问题是关系国计民生的根本性问题，必须始终把解决好"三农"问题作为全党工作重中之重，实施乡村振兴战略。

2018年2月，公布了中央一号文件，即《中共中央国务院关于实施乡村振兴战略的意见》。2018年3月5日，国务院总理李克强在政府工作报告中提出，大力实施乡村振兴战略。中央农村工作会议提出了实施乡村振兴战略的目标

任务和基本原则。

2018年3月，国务院办公厅印发《关于促进全域旅游发展的指导意见》，就加快推动旅游业转型升级、提质增效，全面优化旅游发展环境，走全域旅游发展的新路子作出部署。

宁夏传统村落的旅游在乡村振兴战略背景下要发展全域旅游，要走全域旅游的新路子。

全域旅游是指在一定区域内，以旅游业为优势产业，通过对区域内经济社会资源尤其是旅游资源、相关产业、生态环境、公共服务、体制机制、政策法规、文明素质等进行全方位、系统化的优化提升。

全域旅游目的地指的是一个旅游相关要素配置完备、能够全面满足游客体验需求的综合性旅游目的地、开放式旅游目的地，是一个能够全面动员（资源）、立足全面创新（产品）、可以全面满足（需求）的旅游目的地。

全域旅游是实现区域资源有机整合、产业融合发展、社会共建共享，以旅游业带动和促进经济社会协调发展的一种新的区域协调发展理念和模式。在全域旅游中，需要各行业积极融入其中，各部门齐抓共管，全城居民共同参与，充分利用目的地全部的资源要素，为前来旅游的游客提供全过程、全时空的体验产品，从而全面地满足游客的全方位体验需求。全域旅游所追求的，不再停留在旅游人次的增长上，而是旅游质量的提升，追求的是旅游对人们生活品质提升的意义，追求的是旅游在人们对物质生活满足之后日益增长的精神和审美需求的价值。

全域旅游是把一个行政区域当作一个旅游景区，是旅游产业的全景化、全覆盖，是资源优化、空间有序、产品丰富、产业发达的科学系统旅游。要求全社会参与，全民参与旅游业，通过消除城乡二元结构，实现城乡一体化，从而全面推动旅游产业建设和经济提升，增加老百姓的生活幸福指数。

推进全域旅游是我国新阶段旅游发展战略的再定位，是一场具有深远意义的变革。是从景点旅游模式走向全域旅游模式的转变，是注重旅游生活化、体验化的身心参与度高的一种新的旅游模式。具体要实现九个方面的转变。

一是从单一景点景区建设和管理到综合目的地统筹发展转变。改变景点景区内外的区别和管理围墙，实行公共服务一体化。旅游管理全覆盖，实现旅游基础设施和公共服务建设从景点景区拓展到全域。例如，要从景点景区的"厕所革命"拓展为景点景区内外、城乡一体推进的全面"厕所革命"。

二是从门票经济向产业经济转变。实行分类改革，公益性景区要实行低价或免费开放，市场性投资开发的景点景区也要限制门票价格，遏制景点景区门票价格上涨过快势头，打击乱涨价和价格欺诈行为，从旅游过度依赖门票收入的阶段走出来。

三是从导游必须由旅行社委派的封闭式管理体制向导游依法自由有序流动的开放式管理转变。实现导游执业的法治化和市场化。

四是从粗放低效旅游向精细高效旅游转变。加大供给侧结构性改革，增加有效供给，引导旅游需求，实现旅游供求的平衡。

五是从封闭的旅游自循环向开放的"旅游 +"融合发展方式转变。加大旅游与农业、林业、工业、商贸、金融、文化、体育、医药等产业的融合力度，形成综合新产能。

六是从旅游企业单打独享到社会共建共享转变。充分调动各方发展旅游的积极性，以旅游为导向整合资源，强化企业社会责任，推动建立旅游发展共建共享机制。

七是从景点景区围墙内的治安管理、社会管理向全域旅游依法治理转变。旅游、公安、工商、物价、交通等部门各司其职。

八是从部门行为向党政统筹推进转变，形成综合产业综合抓的局面。

九是从仅是景点景区接待国际游客和狭窄的国际合作向全域接待国际游客与全方位、多层次国际交流合作转变。

这九大转变，可以实现从小旅游格局向大旅游格局转变，也是世界旅游发展的共同规律和大趋势，代表着现代旅游发展的新方向。

全域旅游是融合区域水利、农业、工业、文化等资源优势，在创意设计与优势资源整合基础上，利用"互联网 +"与"旅游 +"概念提升休闲游憩交互体验，形成自主旅游生态圈。全域旅游是集景区、乡村、综合体、小镇、城市这五个层面都涉及的旅游发展结构，景区景点要结合乡村、综合体、小镇、城市，形成全域旅游的发展架构。

准确把握全域旅游内涵特征与发展架构，是有效落实全域旅游战略目标的基本前提。深入剖析全域旅游的概念内涵，其本质特征主要体现于全局性、空间性、带动性、整合性和共享性五个方面。全域旅游是一种区域旅游发展理念，更是一种旅游发展价值追求。要以质量价值目标、治理价值目标和共享价值目标作为我国全域旅游发展的价值追求，以增强我国旅游业的可持续发展能力。

推进全域旅游并不是到处建景点景区、到处建宾馆酒店，恰恰相反，全域旅游更加关注景点景区、宾馆酒店等建设的系统性和规划布局的合理性。景点景区、宾馆酒店建设和管理仍然是必要的，而且要提高质量、层次，但这不是工作的全部。在全域旅游格局中，到处都是风景而非到处都是景点景区，到处都有接待服务而非到处都是宾馆饭店。千万不能把增加景点景区和宾馆饭店数量、扩大规模等同于发展全域旅游。要防止出现景点景区、宾馆饭店"遍地开花"，四处泛滥。只有准确把握、搞清全域旅游的概念和特征，并且把全域旅游放在乡村振兴的新时代背景下，才能结合宁夏的村落旅游提出切合实际的发展路径。

（二）宁夏传统村落旅游现状

首先宁夏传统村落稀少，知名度不高。虽然文化资源丰富，形成了农耕文化、边塞风情、红色文化、西夏历史等多元文化，也有高山、沙漠、平原、草原等多样性地形地貌。但是人口稀少，生活条件艰苦，历史上长期战乱，因此保留下来的传统村落很少。很多村庄都是名不见经传。直到2012年，在国家公布的首批646个中国传统村落名录中，宁夏只有4个村跻身其中，分别是：中卫市沙坡头区香山乡南长滩村、中卫市沙坡头区迎水桥镇北长滩村、固原市隆德县城关镇红崖村一组、固原市隆德县奠安乡梁堡村一组。

在2015年公布的全国特色景观旅游名镇名村示范名单中，宁夏有11个村镇入选：银川市兴庆区掌政镇、银川西夏区镇北堡镇、吴忠市青铜峡市青铜峡镇、吴忠市青铜峡市峡口镇、固原市泾源县泾河源镇、固原市泾源县六盘山镇、中卫市沙坡头区迎水桥镇、吴忠市利通区东塔寺乡穆民新村、固原市隆德县城关镇杨店村、中卫市沙坡头区迎水桥镇北长滩村、中卫市沙坡头区香山乡南长滩村。由此可以看出，宁夏的名村镇数量上有了大的突破。

从目前的旅游综合影响力上看，以上的传统村落数量少，知名度不高。作为乡村旅游地的村落，宁夏人知道的少，在周边地区旅游知名度更低。不像陕西的韩城和袁家村那么成熟和典型。

其次宁夏传统村落文化特色不明显，不雅致、不精细。目前的村落旅游还比较粗放，在配套基础设施、道路交通、厕所革命、生态环境、饮食卫生都和已有的文化元素不够匹配。对村落文化提炼也不够。如在中卫的南长滩村，地处宁夏、甘肃两省交界处，没有通往外界的公路和桥梁，通往南长滩村需要经过六十多公里崎岖不平的山路，在快要到达时还要搭乘渡船才能到达目的地，交通极为不便。对村落文化和党项特色文化开发也不够。旅游项目集中在梨花节和秋天的枣子成熟的季节，在民俗文化、旅游产品开发和科学管理方面都还存在问题。

另外宁夏传统村落旅游体验趋同。目前的村落旅游，有基本的文化雏形，但没有文化的深厚内涵。大体上流于形式，难以体现地域特色文化。没有融入旅游交通、旅游公共服务、智慧旅游的全域旅游概念。没有融合区域水利、农业、工业、文化等资源优势；也没有在创意设计与优势资源整合基础上，利用"互联网＋"与"旅游＋"概念提升休闲游憩交互体验，形成自主旅游生态圈。旅游体验形式单一，基本上是走相同的道路，吃简单的农家菜，再加一点田间乐、林间乐。

（三）宁夏传统村落旅游发展建议

第一，必须树立全域旅游的概念。全区的特色村落要和乡村振兴战略、美丽乡村建设相统一。整体定位、个性规划、分类建设、彰显特色。

第二，保护好山、川、水、土是关键。青山绿水就是金山银山。村落旅游的可持续发展也正取决于此。天蓝地绿水净的自然生态是最长久的长效机制。其次才是民风民俗民居，有特色的地域文化及其他相关的生活、旅游配套设施。将真实的自然之景和人造景观相结合，打造"天人合一"的村落旅游文化。

第三，精心提炼村落特色文化。如宁夏山花节旅游项目，主要集中在宁夏南部山区，是依托于南部个性鲜明的自然村落和六盘山的红色基地的品牌效应。从2005年到2017年举办的13次山花节地点来看，多是选择在须弥山、火石寨、隆德、彭阳等山花烂漫时节。但是要让宁夏六盘山山花旅游节成为一个全区的旅游品牌，显然还需要进一步拓展旅游内涵。要将旅游资源和各地的文化内涵结合起来，拓展和延伸山花节的精神文化需求，满足游客日益增长的精神需求。例如在彭阳举办山花节，可以和彭阳的皇甫谧遗存、彭阳成功上榜"2017年全国十大考古新发现"、彭阳博物馆的落成等重大文化事件结合起来，把"人间四月芳菲尽，山寺桃花始盛开"人间美景变为大背景，把地域文化研究的发布、研讨、布展、呈现等当作旅游的具体场景，向有重点、深层次开发和延伸。同时还可以搞系列活动增加旅游多元化体验，满足不同游客的需求，也引领游客的审美情趣和审美风尚。

第四，打造地域特色美食。六盘山地区回汉杂居，地方美食丰富多彩。

例如固原地区美食：百灵擀面皮店——擀面皮。面筋筋道口感好，面皮切成蒜苗叶形的条，辣子油色泽鲜红又亮，醇香美味。世馨饭庄——泾源蒸鸡。随着笼屉掀开的一瞬间，蒸气带着香味扑鼻而来，让人口水四溢。当地土生土长的土鸡，鸡肉酥嫩，土豆醇香，面食劲道。马玲麻花——麻花。选取上等蜂蜜、白糖及鲜鸡蛋与适当比例的秘制调料水进行拌和，使用优质的纯胡麻油制作，酥脆香甜。马家羊羔头馆——羊羔头新鲜。成品颜色亮丽、香味十足，肉质酥烂。米家糕点。配以各种辅料、馅料和调味料，初制成型，再经蒸、烤、炸、炒等方式加工制成，为一家有名的老字号。福苑饭庄——燕面揉揉。柔韧筋道，油而不腻，色泽红亮，香辣可口。荣味斋——羔羊肉炒面片。揪出的面片如同指甲大小。营养丰富，易于消化，老幼皆宜。老白师泡馍馆——羊肉泡馍。优选固原本地优质牛羊肉，采用独特烹饪技法，烹饪出肉烂汤浓，料重味醇，汤鲜味浓，馍筋爽滑。

这些地方特色美食，在传统村落的旅游文化中，是不可抗拒的舌尖诱惑。但宁夏的山花旅游节对这些地方美食还缺少推广。大多是因地制宜，就地取材，难免粗糙，形不成规模，没有竞争力，难以留住更多的游客。要做好村落旅游，饮食文化规范化、精细化的研究推广必不可少。

第五，传统村落旅游异于城市旅游。宁夏的传统村落旅游还在起步阶段，宁夏有名的村落旅游无论是每年的六盘山山花旅游节也好，还是西吉龙王坝、中卫南长滩、北长滩的乡村旅游，都要在"城市与乡村"的不同文化体验上下功夫。村落旅游，地域特色的文化是根本，文化是旅游的"魂"。村落旅游不能走城市旅游的模式。有别于城市化、差异化的新鲜体验才是根本。目前宁夏的传统村落旅游模式，难以体现地域特色文化，没有融入旅游交通、旅游公共服务、智慧旅游的全域旅游概念，没有融合区域水利、农业、工业、文化等资源优势，在创意设计与优势资源整合基础上，还远远没有利用"互联网+"与"旅游+"概念提升休闲游憩交互体验，形成人性化、便捷化、生活化、体验化、轻松化的自主旅游生态圈。

党的十九大报告中提出我国当前进入新时代以后的社会主要矛盾发生了变化，中国特色社会主义进入新时代，我国社会主要矛盾已经转化为人民日益增长的美好生活需要和不平衡不充分的发展之间的矛盾。这一重大判断，不仅为新时代的经济建设、政治建设、文化建设、社会建设和生态文明建设指明了新的发展方向，也为树立全域旅游的新理念，实施乡村振兴战略，发展宁夏传统村落的旅游文化指出了内涵建设的发展路径。

第六章　宁夏特色乡村文化资源与乡村旅游协同发展

第一节　非物质文化与乡村旅游发展

一、非物质文化遗产与乡村旅游的协同发展

（一）非遗丰富了乡村旅游的文化内涵

非物质文化遗产是人类古老的生命记忆与传承，是全人类共同拥有的重要财富。地处黄河中上游的宁夏，历史悠久，文化丰富，具有类型多样、特色鲜明的各类非遗项目，并以民间文学、传统音乐、传统舞蹈、传统戏剧、曲艺、传统体育、游艺与杂技、传统美术、传统技艺、传统医药、民俗等10个类别的形式存在于民间。从地理学上讲，宁夏紧挨胡焕庸线[①]，并处在该线西北侧。自古以来，胡焕庸线就是草原游牧文化和中原农耕文化的分界线。因此，在千百年的生产生活实践中，宁夏各族群众创造了辉煌灿烂的农耕文明和粗犷奔放的草原游牧文化，这些融会交织的文化项目在这10个类别的非

---

① 胡焕庸线是指从黑龙江省黑河市到云南省腾冲，大致为一条倾斜45度的斜线。线东南方36%的国土居住着96%的人口，以平原、水网、丘陵、喀斯特和丹霞地貌为主要地理结构，自古以农耕为经济基础；线西北方人口密度极低，是草原、沙漠和雪域高原的世界，自古是游牧民族生息繁衍的地方。胡焕庸线也可被看作是中国景观的一个分界线。由景观联系到历史文化，可分析得出，这条线也是中原王朝直接影响力和中央控制疆域的边界线，是汉族和其他民族之间战争与和平的生命线。

物质文化遗产中得到了充分展现。譬如，羊毛毡曾是宁夏农村土炕上铺的类似于褥子的毛制品，因其保暖、隔潮、吸土、耐用等特点，深受广大群众的青睐和喜爱。然而，随着社会的发展和人们物质生活的提高，新的工业产品代替了传统手工艺制品，土炕、羊毛毡逐渐远离了人们的生活。目前，在海原县九彩乡、吴忠市红寺堡区等个别地方还有人继续从事着制作羊毛毡的传统技艺。将羊毛制成羊毛毡的过程就是擀毡。据传，擀毡从蒙古游牧部落传入并在宁夏生根发芽。宁夏各族群众不断吸收前人及周边地区精华，通过口耳相传、学习模仿等方式，逐渐形成了具有浓郁地方特色的非物质文化遗产。数百年来，宁夏各族群众为适宜当地自然气候条件，就地取材，创造了以擀毡、二毛皮、羊皮筏、手工地毯、贺兰砚、草编、柳编、麻编、金积大缸醋酿造等传统技艺为代表的各项非物质文化遗产。这些传统技艺与人们的生产生活紧密相连，主要以传统种植、养殖为核心展开。就拿擀毡来说，因为宁夏畜牧业发达，盛产大豆、苴麻，正好为擀毡这门传统技艺提供了物质基础上的保障。由于受地理环境、自然条件、生产方式、历史传统等的影响和制约，很多传统技艺都是从当地人们的生产、生活习惯中演变和形成的，具有悠久的历史渊源、独特的艺术品格、完善的技术体系和较高美学价值，在活态性、适应性、复合性、战略性、多功能性和濒危性等方面具有显著特征，已经深深与当地群众的生产、生活习惯等融为一体，显示出了浓郁的地方特点和地域特征。从这个角度讲，地域性强、文化内涵丰富、审美价值高是传统技艺最显著的特征。随着人们生活水平的提高，旅游者开始对蕴含浓郁非遗体验特征的乡村旅游产生了浓厚兴趣。因此，我们认为将非遗项目嵌入乡村旅游，不仅有利于非物质文化遗产的保护和传承，而且对促进乡村旅游经济可持续发展具有重要意义。

（二）乡村旅游为非遗提供了保护和传承空间

宁夏地处黄土高原和内蒙古高原交错地带，具有独特的区位地理条件和自然生态环境。在历史发展的长河中，宁夏各族群众创造了辉煌灿烂的农耕文明和极具特色的草原游牧文化，为我们今天留下了诸如皮影戏、秦腔、山花儿、舞龙、泥哇呜、口弦、二毛皮、汤瓶八诊疗法、六盘山抟土瓦塑、木版年画、杨氏泥塑、民间木雕、烙铁画、花灯扎制、葫芦刻画等丰富而珍贵的非物质文化遗产。这些非物质文化遗产涵盖传统表演艺术、传统技艺、传统医药、民俗等多个门类，涉及我们生产生活的方方面面，在帮助当地居民增加收入、带动就业，促进经济发展等方面发挥了重要作用。譬如，葫芦刻画代表性传承人陶瑞珍在石嘴山市大武口区潮湖村，成立葫芦种植合作社，持续开展葫芦种植、葫芦刻画、烙画工艺培训，并常年开办培训班，对葫芦刻画爱好者、周边村民、残疾人等进行葫芦种植、刻画培训，广泛带动本村村民及残疾人家庭种植葫芦、刻画葫芦，带领乡民创业致富，创造就业机会。一般而言，非物质文化遗产的多元价值可分解为历史传承价值、社会和谐价值、审美艺术价值、经济开发价值等。如何保护、传承和开发利用绵延于宁夏广袤大地上的非物质文化遗产，是当代人必须面对和解决的问题。随着全域旅游在宁夏的深入实施，乡村旅游为非物质文化遗产的传播拓宽了渠道、插上了"翅膀"。非物质文化遗产大多存在于落后、偏远、自然条件较差的农村地区，由于不同的非物质文化遗产存在的环境不同，对其相应的管理方式也就不尽相同。在长期的历史发展中，宁夏各族群众在资源贫乏的环境下坚持自力更生、不断尝试、适应和创新，积累了丰富的知识和经验，为非物质文化遗产的适应性管理提供实践基础，这就要求我们在非物质文化遗产管理方面，要根据其所包括的传统手工技艺与经验、民间观念与信仰和民间文学艺术、当地特有的传统文化资源，以及风俗习惯等不同内容而采取与之相应的保护和管理方式。对非物质文化遗产的保护不能像保护城市建筑那样进行封闭式管理，否则只能造成对非物质文化遗产的破坏和使遗产地居民持续贫穷。因此，对于非物质文化遗产的保护需要采用一种动态的管理模式使之在传承中被开发利用。习近平总书记要求我们在新农村建设中要留得住绿水青山，记得住乡愁。乡愁，是珍贵灿烂的传统农耕文化遗产，是丰富的农业物质文化形态和多彩的非物质文化内涵，也正是传统村落所承载的乡土文化和农耕文明的记忆。在乡村旅游发展过程中，若能深入挖掘传统地域文化空间的文化形式，将文化形式和文化空间转换成旅游者的吸引物，增加乡村旅游的文化内涵和旅游价值，增强旅游者在乡村旅游过程中的文化体验，最终实现乡村旅游和地域空间内非物质文化遗产的协同发展，达到通过乡村旅游来保护传承非物质文化遗产的目的。当前，以非物质文化遗产和乡村旅游所蕴含的民俗风情等体验，极大地迎合了城市居民追求新颖、独特、体验的心理需求。对于旅游者来说，到当地居民的日常生产生活中进行亲身体验，本身就是一种对传统文化遗产的活态展示，更能增强对当地文化的亲和力。当然，对宁夏非物质文化遗产的保护和传承利用，更重要的是要激发和增加非物质文化遗产本身的内生动力，使它在传承中进行创造性转化。在这个过程中要注重传统与现代的对接，使其从现代文化中汲取养料，注重挖掘其自身所蕴含的自我革新元素，以一种活态开放的形式"从苍茫的历史中来，再走向民众的日常生活"，真正实现在传承中永续发展。

二、非遗在乡村旅游发展中的困境分析

（一）资源整合不够，产品结构单一，附加值低

宁夏非遗旅游纪念品主要集中在民间器乐（口弦、泥哇呜、咪咪）、传统技艺（擀毡、二毛皮、草编、麻编、剪纸、刺绣、贺兰砚、纸织画）、传统美术（杨氏家族泥塑、六盘山木版年画、砖雕、木雕、民间绘画、王氏泥人制作）、服饰等方面。然而，纵观整个市场销售情况，这些非物质文化遗产的文化价值尚未在乡村旅游中得到充分体现，开发的文旅产品种类也比较单一，缺乏一定的知名度。究其原因，主要是由于宁夏乡村旅游起步晚，存在规模小、档次低等问题。很多民间器乐、传统民俗、传统技艺、传统服饰还未在旅游开发中得到充分应用，游客无法感受到这种具有浓郁地域特色的民俗风情体验。其实，对非遗的保护，并不是简单的陈列、展示，而是要找到其与现代生活接轨的切合点，将其与传统审美结合起来，发展产业经济、以项目促进转化，让它们在生产性保护中得到传承与发展，以焕发新的活力。在设计档次上，要从质地、内容、大小、包装等方面体现精美、精致、精巧，体现出

旅游纪念意义和地域文化特色。对此，我们应充分挖掘如刺绣、服饰、二毛皮等的非遗价值特质，设计品牌形象，并将非遗的价值特质融合在有形的工艺产品、生产生活用品、装饰艺术品等载体上，形成具有浓郁地域文化特色的文旅纪念品。将非遗的元素或内涵用新形态、新材质、新工艺等展示在人们面前，通过乡村旅游进入市场，融入现代生活。譬如，可以将草编、麻编、剪纸、刺绣、葫芦刻画、民间绘画统一包装成工艺品、生活用品，将擀毡、二毛皮与环保等主题结合起来进行研制开发，提升审美档次和科技含量，打造一批能够叫得响的具有宁夏地域和乡村特色的文旅产品。

（二）空心村现象突出，传承人缺失

在"城乡"二元体系中，乡村和农业生产相较于城市和工业生产的劣势地位是显而易见的。城市除承担工业生产功能以外还承担着多样化的服务功能，而乡村作为"传统部落"，农业生产功能似乎是乡村职能的全部。[①] 在传统村落，除了受城市文化的冲击外，掌握传统农耕技艺的很多非遗传承人经济收入过低也是导致很多具有地方特色的非物质文化遗产出现断层的主要原因。譬如，在中宁枸杞种植系统中，掌握传统种植技术的人多在70岁以上，他们掌握着修剪、选育和传统加工等技术，但他们的生活却十分窘迫。我们在当地设计了"您认为当前传统农耕文化的传承面临的危机有哪些？"的调查问卷，有75%的调查对象选择了"没人传承，尤其是年轻人不愿传承""学习传统农耕技术难度大、耗时长、收入低""没有形成规模效应，没有形成产业链"等。目前，宁夏一些地方非遗传承保护工作以精神鼓励为主，很多掌握非遗技艺的项目传承人经济条件较差，无力继续从事传承工作，致使一些传承项目濒临灭绝。譬如，原州区民间古建筑技艺，涉及古建筑榫卯结构、古建筑彩绘技艺及古建筑雕刻技艺等多门独门绝活，是一项涉及木工、瓦工等多工种的非遗项目，然而因固原市尚没有将传承人补助经费纳入市级财政

---

① 郑重.转型期农业文化遗产地乡村规划研究——以当涂大公圩为例 [D].东南大学硕士学位论文，2015：41.

预算，使这门"绝活"的传承面临尴尬境地。在思想观念领域，通过调查问卷显示，青年人对传统知识的认知度、参与度和学习意愿远低于中、老年群体，年轻人更倾向于接受"现代化的城市生活"。由于以上种种原因，农村居民对保护和传承传统农耕技艺的作用非常有限，甚至有很多当地居民或许是"审美疲劳"，对当地独具特色的传统技艺缺乏了解和认知。在走访调研中，我们设计了"您对二毛皮的制作流程了解吗？"的调查问卷，有60%的调查对象表示"不了解"；当问及"您对宁夏被选入世界或全国重要农业文化遗产名录的项目了解吗？"有四分之三的调查对象表示"不知道"或"知道一点"。非物质文化遗产存亡的关键在于培养一代代合格的传承人，然而那些曾经被老一代传承人引以为豪的手艺却在年轻一代遭遇"滑铁卢"，出现无人继承的困境。非物质文化遗产是一种活态绿色资源，保护传承是其发展的关键，而非遗传承人老龄化问题较为普遍，年轻一代多热衷于外出打工，对于非物质文化遗产的认同感较低，这大大影响了对非物质文化遗产保护和传承的内生动力，难以实现在保护和传承中进行创造性转化。

（三）缺乏主打产品，同质化现象十分严重

纵观我区整个文旅产品行情，还存在产品特色不鲜明，主打产品不够突出，同质化现象非常严重的情况。虽然泥哇呜、口弦、剪纸、刺绣、珠绣、桃胡枕头等在一些文旅商品店随处可见，但基本都停留在小打小闹的非主流状态，没有与现代生活接轨，很少得到游客的光顾。譬如，入选国家传统村落的梁堡村、红崖村，均以剪纸、刺绣见长，扩大到整个西海固地区，基本上也都停留在剪纸、刺绣这个层面，但却没有一家做大做强，整合成龙头企业带动周边地区乃至整个行业发展。当产品特色不鲜明、同质化现象较为严重时，产品的市场和销路就会存在问题。如何将剪纸、刺绣等人人见长的传统技艺与现代工艺结合起来，渗透进日常生活用品中，通过龙头企业的带动，提高产业经济，应是当前需要业界深入思考的问题。就拿须弥山景区商贩们所销售的当地土特产——桃胡枕头来说，用碎桃胡装起来的枕头，对头部具有一定的按摩作用，枕的时候非常舒服，但仍少有顾客问津。究其原因，主要还是因为其没有与当地的传统手工艺如刺绣、传统美术、民间绘画等结合起来，如果将粗劣的枕套布艺换成做工精细、图案精美的刺绣布艺，销路肯定会不一样。

（四）在现代都市文化的冲击下，传统文化被挤压

在半工半农的职业游离状态下，农民的思想观念发生了巨大变化，导致传承千百年的传统乡村社会的礼仪秩序被打破，有些地方的传统文化几乎处在断层和失传境地。究其原因，主要是农耕文化的经济效益未能得到有效发挥，富有地方特色的文化产业发展较为滞后①。宁夏传承着各式各样的，能够呈现一定经济价值的，像二毛皮制作、葫芦刻画、麻编等非物质文化遗产，虽然很多非遗传承人进社区、进学校、进商场做现场演示或搞培训，甚至一些有条件的非遗传承人注册公司成立作坊发展生产线，但基本都是小打小闹，没有形成规模效应。譬如，二毛皮国家级非遗传承人丁和平和他的儿子、徒弟共同筹建皮毛厂，所制产品远销新加坡、俄罗斯、加拿大等国，但每年100万元的销售利润，维持生计尚可，离"做大做强"还有差距。总体而言，非物质文化遗产的经济效益还未能得到有效发挥，富有地方传统特色的文化产业发展还比较滞后。孙家正指出："现代化进程的加快发展，在世界范围内引起各国传统文化不同程度的损毁和加速消失，这会像许多物种灭绝影响自然生态环境一样影响文化生态的平衡，而且还将束缚人类思想的创造性，制约

---

① 据《2018—2019宁夏区情手册》和《2018宁夏经济要情手册》，2018年全区城乡居民人均可支配收入为22 400元，城镇常住居民人均可支配收入为31 895元，农村常住居民人均可支配收入为11708元，由统计数据可知，农村常住居民的人均可支配收入仅为全区城乡居民人均可支配收入的一半左右，是城镇常住居民人均可支配收入的1/3。2018年全区城乡居民人均消费支出为16 715元，城镇常住居民人均消费支出为21 977元，农村常住居民消费支出为10790元，由统计数据可知，农村常住居民人均消费支出比全区城乡居民人均消费支出少30%，比城镇常住居民人均消费支出少一半多。这说明城乡居民收支情况存在较大差距，生活质量明显不同。同时，地区间的差异也很明显。2018年海原县农村常住居民人均可支配收入为8511元，是兴庆区农村常住居民人均可支配收入15 904元的1/2，隆德县城镇常住居民人均可支配收入为23 361元，比兴庆区城镇常住居民人均可支配收入的38 307元少了40%左右。

经济的可持续发展及社会的全面进步。"[①] 当前，年轻人普遍对本民族传统文化知之甚少，缺乏继承本民族本地区非物质文化遗产的强烈意愿，加上不能获得较好的经济效益，很少有人愿意继续从事非遗项目的传承工作，导致遗产的内在价值难以呈现。据资料显示，近20年来宁夏农民外出务工人数一直呈上升趋势。乡村发展的主体是农民，但从事农业的人数在锐减，农民不从事农耕带来的后果是他们对乡土文化的远离和陌生。以二毛皮、擀毡、宁夏毯等为代表的传统技艺，受现代化工技术的影响逐步被工业机器取代。相对来说，机器生产的成本低、效率高，而手工制作的成本高、效率低，单纯从实用角度来看，绝大部分消费者都会选择机器加工的产品。

三、非遗与乡村旅游协同发展的路径选择

（一）持续加大政府统领扶持力度，强化资源有效整合

以滩羊养殖、二毛皮制作、羊皮筏子制作、葫芦刻画、皮影戏、泥哇呜、秦腔、山花儿等为代表的传统技艺、节庆民俗、民间曲艺乐器及山歌等内容多属独门绝技，口传心授，往往因人而存，人绝艺亡。对此，政府应该加大力度对各类非物质文化遗产目前存在状况和发展前景进行科学分类和梯次分级，并采取实施抢救性保护、生产性保护、整体性保护和立法保护等不同措施。对一些已经不适合当前社会生活节奏、跟不上时代发展节拍的濒危非物质文化遗产，建立实物档案和电子影像档案等，将一些易失、易丢的传统民俗通过音频、视频等现代保护工具尽可能完整保存，如六盘山抟土瓦塑、中卫古建筑彩绘、原州民间古建筑技艺、赵氏木板雕花技艺、花灯扎制、擀毡、方棋、箍窑等，要采取抢救性保护措施，利用现代科技手段将它们尽可能完整保存以免被历史尘封；对与产业挂钩、具有明显经济效益的传统技艺，如剪纸、刺绣、木版年画、宁夏毯、二毛皮等，宜采取生产性保护措施，进行合理的生产、开发，促进传统技艺更好地传承、保护和开发利用；对一些诸

---

① 王文章. 人类口头与非物质文化遗产丛书 [M]. 杭州：浙江人民出版社，2005，1—6.

如传统村落等为代表的承载非物质文化遗产的聚落、场所应给予整体性保护，让聚积在其中的一些传统建筑、传统生产、生活方式和生活理念，能够较好地延续和保留；对一些以古建筑为代表的物质遗产，如康济寺塔、同心庆靖王墓、古城堡、古长城等，要用立法的形式，严禁制止对遗址、遗迹进行破坏。在乡村旅游建设过程中，在住宅建设、道路修建、灌溉设施和游览路线等方面，应尽量保持地方特色，减少对环境破坏的负面影响。对非物质文化遗产的保护与传承，要紧紧抓住"传"与"承"两个环节，推动传承工作有序实施。进一步落实非遗代表性传承人的保护措施，提供传习场所，支持其开展传习活动和参与社会公益性活动。同时，激励学艺者、继承者学习技艺的热情，逐步建立起长效传承机制。当然，非物质文化遗产绝不会一成不变，在应对外界环境的适应过程中既有传承，又有重构，也要有创新，在新陈代谢中会不断发展。但在对周边文化的吸纳和加工中，在与各种现代文化的互动中要做出有选择性的创新与组合，就是将其中有用的内容有机地置入固有文化之中，这就是所谓的文化重构。

（二）提升非遗文化内涵，创新产品设计

随着城市的发展，久居城市的人越来越向往农村的田园风光，到乡村感悟、亲近大自然。然而，宁夏乡村旅游目前正处于起步阶段，以非遗为代表的民俗体验活动开展得还比较少，尤其到了晚间就显得格外单调、寂静。对此，各地应该深入挖掘传统农耕文化内涵，高品质、高水准策划一批夜间文化娱乐活动，培育一批参与性强、市场认可度高的非遗旅游项目。通过组织开展研讨、展示、宣传、交流合作及提供其他帮助，有计划地征集并保管各级代表传承人的代表作品，建立代表性传承人的档案，给传承人提供一个非常有利于生存和传承的环境条件。众所周知，非物质文化遗产是活态的文化遗产，注重可传承性，突出了人的因素、人的创造性与人的主体地位。传承人在不同时代背景、地域环境下进行传承，都会进行一定的创新与发展，从而使非物质文化遗产能够更好地适应社会发展、反映时代特征。因此，自治区应通过发掘、培育、扶持等有力措施，对具有一技之长的民间艺术传承人，给予保护，鼓励民间艺人带徒授艺，加强中青年艺术骨干的培养，使民族民间艺术绝技后继有人、代代相传。在提升非遗文化内涵的过程中，要围绕宁夏历史古城遗址遗存，合理利用各种文物古迹、历史文化名城名镇名村，依托宁夏传统农耕文化遗产、传统村落和科技馆、文化馆、艺术馆、博物馆及非物质文化遗产展示馆等，充分挖掘地域传统文化内涵，开发集地方性、文化性、趣味性、艺术性、参与性于一体的综合性旅游娱乐项目。大力发展曲艺、花儿和武术表演等群众文化艺术活动，推动演艺、游乐等产业与旅游业协同发展，重点挖掘、开发一批具有民族特色和地方特征的民族工艺美术品、特色风味食品、土特产品、旅游纪念品、旅游日用品等特色旅游商品，积极开展以剪纸、刺绣、珠绣[①]、扎染、糖画、泥塑、砖雕、麻编、柳编、擀毡等为代表的传统技艺活动，拓展非遗等民俗体验旅游项目。将区域传统文化贯穿于旅游业发展全过程，把文化创意融入旅游产品开发全过程，多角度、多层面、多方式丰富宁夏旅游内容。

（三）嵌入乡村民宿体验，通过项目助推"非遗"传承发展

通过整合社会各方力量，将非遗嵌入乡村民宿，以旅游市场需求为导向，不断提高特色文旅产品的研制、生产和销售。当然，在有效保护和传承的基础上，合理利用非遗代表性项目，重点开发具有地域特色和市场潜力的文旅产品。从政策倾斜和资金支持上鼓励和支持有关企业和非遗传承人共同致力于特色文旅商品的研发、生产、销售和宣传，推出档次高、创意新的具有名、优、特、新、奇等特点的非遗文旅产品。精选非物质文化遗产集中的传统村落，建立文化生态保护区和民俗文化村，使民间文化的基本形态、承载方式、核心内涵得到有效提升。政府主导村落的非遗规划项目建设，促使项目建成、投用和产出，提高文旅产品的影响力和竞争力。重点围绕葡萄酒、枸杞深加工、羊绒制品等特

---

① 珠绣工艺是在专用的米格布上根据自主设计的抽象图案或几何图案，把多种色彩的珠粒，经过专业绣工纯手工精制而成。珠绣的艺术特点是晶莹华丽、色彩明亮，经光线折射又有浮雕效果，可作为室内或车内的挂饰品。

杨氏彩塑艺术馆国家级非物质文化遗产生产性保护基地（展帆／摄）

色产品，研发一批具有标志性的宁夏品牌，培育一批创新能力强、品牌影响力大的生产研发企业和文旅商品展销中心；充分利用以民间习俗、非物质文化遗产等为代表的传统农耕文化遗产，通过扶持刺绣、珠绣、剪纸、蒿子面、枸杞膏、老豆腐等代表性传承人和社会文化能人兴办经营实体，以培训、生产、经营等市场运作模式，让家庭作坊生产走向专业规模生产，对一些有条件的非遗项目实施"生产性保护"，让古老的技艺"活"起来，成为地方经济转型升级的重要依托；积极打造传统民俗文化村，如以中卫南长滩村为依托，向游客展示并体验羊皮筏子等传统技艺的制作过程，努力将文旅产品与宁夏地方农产品加工、传统工艺等深度融合，助推宁夏"枸杞之乡、滩羊之乡、甘草之乡、硒砂瓜之乡、马铃薯之乡"品牌做大做强。扶持国家级和自治区级非遗传承人建设非遗传承基地（点）和非遗传习展示馆（室），积极争取项目资金，支持县（区）建设博物馆、展览馆、文化交流中心等文化展示平台，推进非遗保护传承。在一些有条件的村镇，立足产业发展，走市场开发之路。譬如，在杨氏彩塑、魏氏砖雕等传统村落，实施产业带动发展，不仅为当地农民、残疾人及留守妇女提供就业岗位，而且带动周边村民共同致力于非遗的保护与传承。通过非遗世家及传承能人的带动，让非遗技艺真正腾飞。

温堡乡杨坡村杨氏彩塑生产
加工扶贫车间

杨氏彩塑展品（展帆／摄）

（四）充分利用"互联网＋"模式，使非遗在乡村旅游中得到保护与传承

在乡村旅游建设过程中，要充分利用"互联网＋"模式，探索网络直播、手机 APP 等在线网络，建立非遗电子档案，展示全区非遗有关信息，包括传承人的基本情况、非遗最新开展活动、非遗项目及产品等。将传统的歌舞、美术、踏脚、节日民俗等通过视频的方式，归类整理、完整记录，让非遗走向大众。推进非遗保护基地建设，譬如鼓励大麦地文化产业园、沙坡头水镇、沙坡头娱岛等引进非遗项目建立非遗示范性产业保护基地，支持微元素文化传媒等相关企业推进非遗及非遗衍生品开发，借助互联网等电子平台的展示和销售渠道，让非遗元素及非遗产品融入现代生活。在乡村旅游建设过程中，政府还要发挥监督管理责任，通过非遗展销会邀请代表性传承人现场制作展示涉及非遗内容的体验项目。在非遗的保护与传承中，应采取政府倡导、公司运行的方式，成立非遗文化推介团队，通过搭建民间传统工艺品展销平台，大力扶持非遗文旅产品开发、生产和销售；积极申报自治区级非遗代表性项目和代表性传承人，注重对地方文献、民俗器物和本土名家艺术精品的收藏和展览，形成品类丰富、特色鲜明的民间文化资源积累。在宣传推介方面，要积极组织拍摄介绍反映非遗产品的高质量、专题形式影视作品，让非遗产品通过镜头走向大众。鼓励组建民宿产业联盟，以"公司＋协会＋农户"模

式推动乡村民宿的品牌营销、连锁运营、标准服务、特色发展。加快推进十大特色产业示范村建设，提升发展一批农家乐、渔家乐乡村旅游点，创建一批现代农业庄园，引领休闲观光农业发展。同时，提升乡村旅游经营户的接待环境，营造温暖和舒适的客房。

第二节　移民文化与乡村旅游发展

移民是指人口的迁移活动，是人的居住空间在地理位置上发生变化的活动。造成移民的原因多种多样，有经济、战争、自然灾害、政治等因素。移民文化是移民在迁徙地创造的物质文化和精神文化的总和，是移民社会特有的一种文化形态，是移民与伴随着移民而来的各地域文化的大融合。移民文化的表现形式既有物质的，也有非物质的，既可以是有形的，也可以是无形的。宁夏的移民文化是宁夏历史文化的重要组成部分，其历史的厚重感、现当代的时代感，内涵的丰富性，地域特色的鲜明性是与宁夏历史、社会经济发展进程密不可分的。移民文化资源是乡村旅游发展的内容和基础，乡村旅游是移民文化的传承基地和活态载体，乡村旅游作为实现乡村振兴的重要创新实践，做强做大乡村文化旅游产业，让乡村旅游惠及更多人民的生活，是当前发展乡村经济的重要着力点，移民文化是文旅协同发展的现实选择和必然路径。

一、移民文化与乡村旅游协同发展的现实意义

（一）移民文化与乡村旅游协同发展有助于乡村振兴

党的十九大报告提出实施乡村振兴战略的重大历史任务，明确提出了"产业兴旺、生态宜居、乡风文明、治理有效、生活富裕"的总要求。通过文化与旅游协同发展的路径，推动移民文化与乡村旅游协同发展，有利于移民文

化创造性转化、创新性发展，助力乡村文化振兴、农民生活稳定、农村经济快速增长、生态环境和乡风文明改善等，这是乡村振兴的重要突破口，也是实现乡村振兴的有效抓手。

（二）移民文化与乡村旅游协同发展有助于推动全域旅游的发展

全域旅游是旅游业一种新的发展理念，强调的是把整个区域作为旅游区进行建设，把全域作为旅游发展的载体和平台。宁夏作为省级全域旅游示范区，把自治区当作一座城、一个景区来打造，通过发展旅游业带动其他产业发展，这既是宁夏发展全域旅游的新理念和新目标，也是旅游业发展战略的新定位以及促进全区旅游业转型升级的着力点和切入点。移民文化与乡村旅游协同发展，可以推动全域旅游文化＋旅游要素协同发展，移民文化与乡村旅游有效结合，可以赋予乡村旅游业产品更多的文化内涵，提高乡村旅游目的地的吸引力，进一步提升区域旅游业的整体实力和竞争力，有力推动宁夏全域旅游目标的实现。

（三）移民文化与乡村旅游协同发展有助于脱贫攻坚任务的实现

在新时代决胜全面小康社会的关键时刻，宁夏作为全国必须完成脱贫摘帽目标的主战场之一，要谱写好决胜全面小康社会的新篇章，以贫困地区文化资源为基础，通过产业化的开发模式实现文化资源由"软实力"向"硬实力"的转变，走移民文化与乡村旅游协同发展之路，移民文化可以为乡村旅游的发展注入活力，让贫困地区的民俗、民风、技艺等鲜活的乡村文化融入乡村旅游中，增加乡村旅游产品的创意和特色，助推贫困地区群众脱贫，助力脱贫攻坚任务的完成。

（四）移民文化与乡村旅游协同发展有助于乡村文化资源的资本的转化

这种转化可以将丰富的乡村文化资源开发成文化产品及其相关服务，可以提高非农产业在乡村经济中的比重，优化乡村产业结构，助推乡村经济转型升级从而培育乡村经济新的增长点，并吸纳乡村剩余劳动力，增加农民收入，促进乡村经济可持续发展。这种转化，可以满足人们文化教育、休闲娱乐、社交生活、情感升华等多层次的文化体验需求，缓解个体和社会的文化空间错位的焦虑，提升乡村吸引力的同时，最大限度发挥文化产品和服务的正面导向功能，提高乡村社会文明水平、促进社会和谐发展。

二、宁夏移民文化与乡村旅游协同发展的综合推动因子

（一）国民经常性的旅游消费支出是移民文化和乡村旅游协同发展的原动力

随着我国国民生活水平日益提高，旅游已经成为人们日常生活休闲的消费热点和体现生活方式的经常性消费，代表着我国国民消费的时代特点，并具有强大的发展潜力和上升空间。据马蜂窝旅游网发布的《全球旅游消费报告2019》报告数据显示，每年63%的国民在旅游上的花费超过万元，56%的国民旅游花费占生活总消费的20%以上。2018年国内游客55.4亿人次，2019年国内旅游人数突破60亿人次。

（二）乡村旅游日益成为人们旅游休闲的新热点和新的增长极是移民文化和乡村旅游协同发展的不竭推动力

在旅游业快速发展的背景下，乡村旅游已从零星分布向集群分布转变，空间布局从城市郊区和景区周边向更多适宜发展的区域拓展，当前乡村旅游成为居民日渐常态化的生活方式，乡村旅游逐渐成为旅游市场上新的消费热点和推动旅游经济发展新增长极。据国家旅游局统计数据显示，2017年全国乡村旅游达25亿人次，旅游消费收入超过1.4万亿元，约占国内旅游消费收入的50%，同比增长27.3%；文化和旅游部发布的《全国乡村旅游发展监测报告》（2019年上半年）显示，2019年上半年全国乡村旅游总人次达15.1亿次，同比增加10.2%，总收入0.86万亿元，同比增加11.7%，全国乡村旅游就业总人数886万人，同比增加7.6%。

（三）日益健全的乡村旅游政策成为移民文化和乡村旅游协同发展的引领力

从2015年至今，国务院、国家旅游局、国家发展和改革委、国土资源部等部门按照"宜融则融、能融尽融"，"以文促旅、以旅彰文"的发展思路，陆续发布或联合发布了一系列与乡村旅游紧密相关的政策，成为移民文化和

乡村旅游协同发展的引领力，也为两者协同发展提供了政策支持和保障。

（四）宁夏乡村旅游人次及收入的持续增长为移民文化和乡村旅游协同发展提供了现实基础动能

"农家乐"作为乡村旅游最初的旅游产品和主要发展路径是衡量乡村旅游发展状况的关键指标。2015年，全区"农家乐"共接待游客371.29万人次，实现收入2.69亿元，人均花费72.35元；2016年，全区"农家乐"共接待游客578.51万人次，实现收入3.87亿元，分别比上一年增长55.81%和44.09%；2017年，全区"农家乐"共接待游客712.40万人次，实现收入4.37亿元，分别比上一年增长23.14%和12.86%；2018年，全区"农家乐"共接待游客603.82万人次，实现收入3.26亿元，分别比上年下降15.24%和25.29%；2019年，全区"农家乐"共接待游客550.97万人次，实现收入3.15亿元，分别比上年下降8.75%和3.37%。为大力推进乡村旅游高质量发展，2019年文化和旅游部办公厅、国家发展和改革委办公厅印发《关于开展全国乡村旅游重点村名录建设工作的通知》，在全国开展遴选符合文化和旅游发展方向、资源开发和产品建设水平高、具有典型示范和带动引领作用的乡村，并对入选的

永宁县闽宁镇原隆村现状

重点乡村给予专项资金的支持。在第一批全国乡村旅游重点村遴选中，宁夏入选了9个村，第二批宁夏入选了20个村。宁夏在乡村旅游发展中取得的这些成效，毋庸置疑地成为移民文化和乡村旅游协同发展的现实基础动能。

（五）移民文化为文化与乡村旅游协同发展提供了具有地域特色的多样性、丰富性的文化资源

从商周至明清，宁夏辖区人口迁徙就十分频繁，数千年间的移民活动，既是民族大融合的过程，也是文化融合的过程，这样的移民历史进程，为宁夏留下了丰富的历史文化资源，来过这里的历史人物，像李弼、杨广、李亨、郭子仪、西夏梁太后、铁木真等，有水利工程的遗迹、农业文化、贺兰山岩画、胡旋舞图案造型、安西王府府邸和"延厘寺"等建筑艺术文化以及一些宗教遗迹等。中华人民共和国成立以后至今，伴随着社会主义建设产生的知识青年上山下乡、"三线"建设、工业移民，以及与扶贫、脱贫相伴而生的吊庄移民、生态移民等，为宁夏移民文化注入了当代意义的内涵。自古至今的这些文化资源，为文化与乡村旅游协同发展提供了具有宁夏特色的文化资源。

三、宁夏移民文化与乡村旅游协同发展的优化路径

移民文化与乡村旅游是文化旅游的一个方向，文化旅游是乡村文化和旅游产业协同发展的农村产业新模式，改变的是传统的增长机制与方式，实现的是产业跨越式发展和创新，它能够有效促进一二三产业融合，带动农村经济发展。宁夏移民文化资源丰富深厚，与乡村旅游协同发展高度契合，未来发展的空间和潜力大，要使这些移民文化资源借助乡村旅游很好地传承、传播下去，让乡村旅游增添更加深厚的文化内涵，要推动移民文化与乡村旅游协同发展，就必须以协同发展中存在的问题为导向，来持续优化两者之间协同发展的路径，以促进乡村文化旅游高质量发展。

（一）针对多头管理不利于移民文化与乡村旅游协同发展的现状，做好顶层设计的统筹协调和统一规划

乡村旅游的建设发展涉及政府不同部门的管理职能，农业部门负责休闲农

业、观光农业等，国家发展和改革委和财政部门负责扶持政策的制定和资金安排，住建部门负责特色小镇、风情小镇、名村名镇建设，文旅部门负责非遗传承、古村古镇保护等，建设和管理过程中存在多头管理的这种情况，严重影响着历史文化资源与乡村旅游协同发展。因此，为促进历史文化资源与乡村旅游协同发展，就要结合宁夏移民文化资源与乡村旅游的现状和特点，因地制宜，立足特色和优势，统一制定充分体现历史文化、地域特色和民俗风情的相关发展规划，为二者的协同发展提供顶层设计的支持。从顶层设计的阶段就要努力破除影响移民文化与乡村旅游协同发展的壁垒，借力文化和旅游厅的管理优势，加强与乡村旅游发展有关部门协调，建立综合管理与协调机制。

（二）针对缺乏移民文化与乡村旅游协同发展形成的在全国叫得响的文化旅游品牌的建议

针对缺乏移民文化与乡村旅游协同发展形成的在全国叫得响的文化旅游品牌，应根据不同乡村的移民文化资源特色，以"一村一品、一村一景、一村一韵"的发展路径，推动自治区乡村系列文化旅游品牌的形成。

当前，全区乡村旅游还处在自然景观观赏、农家乐、田园综合体等乡村旅游初步发展阶段的产品类型，个性化和特色化的产品不多，特别是普遍缺乏具有深厚文化内涵的旅游产品，难以满足游客深入体验和感受旅游产品的文化内涵和真正感受文化旅游深层次的期待。由于乡村移民文化资源转化为旅游产品的速度慢、规模小且开发利用率相对偏低，使得乡村旅游的地方特色的历史文化内涵没有得到充分体现，无法实现乡村文化旅游产品的产业化、规模化发展。同时，乡村文化旅游产品起点不高，存在资源简单整合、产品相似度大的问题，缺乏品牌开发的意识，同质化现象严重，无法形成强劲的竞争力。为培育一批叫得响、传得开、影响大、留得住的乡村文化旅游特色品牌，一是要认真学习领会国家以及自治区推动发展乡村旅游特别是有关文化与旅游协同发展的相关政策，用足用好政策，寻找移民文化与乡村旅游协同发展的切入点和突破点，促进二者高质量的协同发展。二是以入选全国乡村旅游29个重点村为核心，认真梳理研究各个重点村的文化资源特色，将其文化特色植根于乡村旅游产业链的各个环节，推进文化与旅游的协同发展。吴必虎提出的昂普模式认为要以资源为基础、市场为指导、产品为核心，将资源经由市场转化为产品，解决旅游开发中无效旅游产品供给过多、结构性过剩及旅游有效需求不足的矛盾。基于这种理论模式，我们要对这些重点村进行文化旅游资源的充分挖掘和利用，从而实现乡村文化与旅游产业的协同发展。扶贫、脱贫与移民始终是与宁夏实现全面小康社会相关联的热词。宁夏的西海固地区一直是以"苦甲天下"而闻名的，近几十年国家通过吊庄移民、生态移民等适合当地实际的移民方式，逐步使生活在这片贫瘠土地上的百姓走上了脱贫致富大道，由此也产生了具有宁夏特色的当代移民文化。如永宁县闽宁镇原隆村是2019年第一批入选全国乡村旅游重点村名录乡村，是永宁县最大的生态移民村，也是习近平总书记亲切关怀下不断发展壮大的具有典型性的移民村，西夏区镇北堡镇华西村是2020年第二批入选全国乡村旅游重点村名录乡村，被称为宁夏"移民第一村"，乡村文化旅游要顺应旅游发展大势，更好地将移民村现有的社会主义建设时期的文化等文化资源优势和特色融入乡村旅游发展中，形成各自的文化旅游特色品牌，以乡村旅游经济的持续增长，推动移民村经济的发展繁荣，人民生活水平的不断提高，改变乡村旅游"百村一面"的现象。三是以乡村文化旅游产品产业链的设计，不断推动文化旅游产品体系的完善。从吃住行游购娱的旅游要素出发，设计出适合当代游客需求的延伸融合发展链的旅游产品，如让旅游者参观体验现当代移民生活、生产（建设以农节、农俗、农事、农艺为主的农业文化体验园）、建设以文化习俗为主的特色文化体验园等体验型产品、有规划地开发休闲农庄、乡村酒店、特色民宿、自驾露营、户外运动等乡村度假休闲型、互动型产品，借力实施的传统工艺振兴计划，设计和开发具有本村文化特色工艺品、纪念品，以"演艺＋旅游"的形式，推出以本村文化为基础创作的演艺产品，实现文化资源的产品化转化，延伸融合发展链，形成旅游产品的经济效应，满足游客精品化、高端化、个性化以及从观光旅游走向休闲度假深度体验式旅游需求。

（三）针对乡村文化旅游人才缺乏的建议

针对乡村文化旅游人才缺乏，应积极引进、培育旅游复合型人才和大力鼓励乡贤返乡创业，改变因人才缺乏而严重影响移民文化与乡村旅游协同发展的局面。

人类发展过程中所创造的一切含有文化意义的文明成果以及承载着一定文化意义的活动、物件、事件以及一些名人、名城等，我们都把其认为是某种形式的文化资源。文化资源是实现文化资本转化的前提和条件，文化资本是文化资源实现价值增值的结果。文化资源的资本化，就是将文化资源的资本属性，通过市场化运营，以文化产品、商品的生产、流通、消费的经济化流程，实现其文化价值增量效应，也就是文化的经济化、产业化。任何文化资源，包括自然资源自身不可能自然转化为资本或以财富形式而显现，它必须依赖人的主动开发、利用，推动文化资源存量转化为资本增量，必须经过文化资本化过程。要实现文化价值和经济价值之间的这种互融关系，文化旅游人才是必要条件。人才在经济和社会发展中表现出的基础性、战略性和决定性作用，同样也适用于文化旅游业的发展。乡村文化旅游新业态的发展创新，人才是根本，是原动力。

随着城镇化进程的持续加快，很多乡村原住民大量迁居城镇或常年在外打工，乡村人口出现老年化和低龄化的特点。因此，乡村原住民中能从事文化旅游的人才缺乏，专业经营管理团队和高层次经营人才更是奇缺。因此，发展乡村文化旅游需要解决好人力资源匮乏问题，必须首先要加强人才队伍建设（这类人才队伍包括依据文化资源特点起草科学合理的发展规划人才、组织协调人才、经营管理人才、营销推广人才等）。一是要建立健全人才引进机制，多渠道引进一批经营管理、策划创意、品牌营销等紧缺人才，优化人才结构。二是要通过加强文化旅游从业者的系统培训，提升其业务素质和业务技能。根据协同发展实际，制定文化旅游人才培训计划，定期开展文化旅游从业人员相关业务培训，培养高素质、专业化的文化旅游人才队伍。特别是要根据脱贫攻坚的实际需求，要加强乡村旅游扶贫人才培训，创新乡村旅游人才培养方式，积极开展乡村旅游经营户、乡村旅游带头人、能工巧匠传承人、乡村旅游创客四类人才和乡村旅游导游、乡土文化讲解员等各类实用人才培训，依靠人才支持和智力投入促进乡村旅游发展。三是鼓励旅游专业毕业生、专业志愿者、艺术和科技工作者驻村帮扶，以及乡贤回乡创业，为乡村文化旅游发展提供人力资本的支持。四是探索建立乡村与文旅智库，企业、高校建立人才培养，采取智力支持合作模式，吸取先进发展经验和理念。

（四）借力"新基建"的契机，加快移民文化与乡村旅游协同发展中的"动能转化"步伐，提升乡村文化旅游业的竞争力

2020年《政府工作报告》中提出，重点支持"两新一重"（新型基础设施建设，新型城镇化建设，交通、水利等重大工程建设）。2020年6月，国家发展和改革委明确新基建范围，提出"以新发展理念为引领、以技术创新为驱动、以信息网络为基础，面向高质量发展需要，提供数字转型、智能升级、融合创新等服务的基础设施体系"的目标。互联网科技因素催生着各种文化新业态迅速崛起、强劲发展。中国互联网络信息中心发布的第44次《中国互联网络发展状况统计报告》数据显示，截至2019年6月，我国网民规模达8.54亿人，互联网普及率达61.2%。我国手机网民规模达8.47亿人，网民使用手机上网的比例达99.1%，用户月均使用移动流量达7.2 GB，为全球平均水平的1.2倍，移动互联网接入流量消费达553.9亿 GB，同比增长107.3%。基于我国网民以及手机网民这一庞大的消费群体基数与消费特点，催生出了利用短视频、直播以及短视频＋直播等新型技术路径的文化新业态，互联网＋文化不断凸显着自身强劲的发展势头。相对都市而言，由于乡村文化旅游的网络化、智能化发展滞后，以及创意缺乏等带来了新经济业态培育不足的问题。文旅协同发展应借力"新基建"的契机，顺应互联网应用的普及以及国民消费的时代特征，加快移民文化与乡村旅游协同发展中的"动能转化"，提升乡村文化旅游的竞争力，一是要大力发展智慧文化旅游，加快推动5G通信技术、物联网技术、云计算技术、区块链技术等先进通讯传播技术在乡村文化旅游开发领域的应用，有效促进乡村文化旅游管理模式的革新，拓宽乡村文化旅游营

销渠道，提高乡村文化旅游服务协同性与品质。二是积极推动数字乡村文化旅游与实体经济深度融合，培育和催生数字乡村文化旅游的新业态。互联网改变了文化的创作、生产、传播、服务方式与竞争格局，以网络为平台支撑、以数据为关键资产、以智能为发展方向，带动经济社会文化整体发展的数字经济时代已经到来。宁夏乡村文化旅游要紧跟"技术更迭快、生产数字化、传播网络化、消费个性化"的发展潮流，要更广更深地进行数字化转型，推动宁夏乡村文化旅游的繁荣发展。为顺应数字文化产业技术更迭快、生产数字化、传播网络化、消费个性化等特点，宁夏乡村文化旅游发展，应更多地利用互联网的思维模式，运用互联网的数据、平台与用户思维，发挥塑造"互联网+"文化旅游新业态，如通过人工智能、大数据、区块链等新一代信息技术，并将这些新技术应用到文化创意生产、分发等诸多环节，为乡村文化旅游带来新的空间和潜能。从要素市场化配置的角度来看新基建，要培育技术和数据市场，激活各类要素潜能，就是要将更多的优秀文化资源进行数字化、网络化，从资源到服务以新技术催生新平台，形成新业态、集聚新用户、培育新市场，使乡村文化旅游全方位、多角度、全链条的发展。依托数字技术和本地文化旅游特色资源，制作与生产以移民文化为主题的网络文学、网络音乐、网络视频等数字文化产品，开发一些具有数字体验性的乡村文化旅游实体项目，促进虚拟旅游展示等新模式在乡村文化旅游开发中的应用。

第三节　特色小镇文化与乡村旅游发展

2020年6月8—10日，中共中央总书记、国家主席、中央军委主席习近平在宁夏考察。9日下午，总书记来到银川市贺兰县稻渔空间乡村生态观光园考察，他强调发展现代特色农业和文化旅游业，必须贯彻以人民为中心的发展思想，突出农民主体地位，把保障农民利益放在第一位。

一、宁夏发展乡村旅游的意义及发展现状

乡村生态旅游以乡村空间环境为依托，以乡村范围内一切可吸引旅游者的资源为依托（如独特的生产形式、生活方式、田园风光、特色乡村建筑、民俗风情、乡村文化等），吸引游客在乡村内进行观光、游览、休闲、度假、劳作体验以及娱乐、购物等活动。

（一）宁夏发展乡村旅游的意义

第一，发展乡村旅游，有利于农村产业调整。发展乡村旅游，有利于调整大农业内部各产业之间的比例关系，有利于把地方的资源优势转化成为产品优势。通过旅游业向产业拉动，促进农村商业、通信、餐饮、旅游纪念品加工、工艺品制造等行业的发展，使农村走出一元经济的束缚，走上农业产业化、农村市场化的道路。

第二，发展乡村旅游，有利于农民增收和增进农民福祉。乡村旅游的发展，能为农民提供新的就业机会，从而提高农村收入。目前我国农村剩余劳动力的就业压力很大，大量的流动人口严重影响着城市和农村的稳定。通过旅游，使广大乡村地区成为区域关注的焦点，有利于社区居民获得更多的社会福祉。

第三，发展乡村旅游，有利于乡村文化的挖掘和传承。在长期与自然协同发展的过程中，农村中积淀了很多生态文化的内容。但在城镇化的浪潮中，乡村文化的多样性在减少。通过乡村生态旅游的发展，有甄别地开展传统文化的抢救和保护工作，有利于民俗文化的继承和发扬，有利于创造出风格特殊的农村文化。

近年来，全国各省的乡村旅游建设如火如荼，乡村旅游发展已经成为农村发展、农业转型、农民致富的重要渠道，十九大报告提出的乡村振兴战略无疑成为乡村旅游发展的又一催化剂，乡村旅游业将会有更大作为，更大担当。宁夏积极响应国家政策，制定了《宁夏回族自治区乡村旅游发展三年行动方案（2020—2022年）》，明确了宁夏乡村旅游发展目标。发展乡村旅游是全域旅游的重要抓手，是生态经济的重要产业，对于带动农村发展、农民增收等具有积极意义，县域乡村旅游发展呈现出良好态势。

（二）宁夏旅游业发展现状

宁夏旅游资源在31个旅游资源基本类型中占有18个以上，包括地理人文景观、水域景观、生物景观等，属于旅游资源类型相对丰富地区。宁夏众多旅游资源主要包括山岳、河流、湿地、沙漠、森林、草原、古长城、人类遗址、红色文化、西夏文化、民俗风情、引黄灌区、特色美食等。如此丰富的旅游资源为宁夏旅游打下良好的资源基础，凭借资源优势，调整旅游结构，发展乡村旅游，提高旅游品质，不断推进宁夏旅游业的可持续发展。为了分析我区的旅游产品与旅游市场，现选取接待量30万人以上的19家具有代表性的旅游景区进行层次划分，分析结果表明宁夏主要是观光型旅游资源，旅游市场(表6-1)，即以省内以及相邻省的客源为主，旅游者多以观光、享受休闲时光为主。

表6-1　宁夏主要旅游景区产品与市场对应关系评价表

主要景区（景点）	R—P 关系构成				R—M 关系构成			
	观光 G	休闲 X	专项 Z	复合 F	广域 A	中域 B	狭域 C	偏域 D
镇北堡西部影城	√	√		√	√			
沙坡头	√	√		√	√			
水洞沟	√	√		√	√			
黄河生态园	√	√		√		√		
沙湖	√	√		√		√		
六盘山红军长征景区			√				√	
北武当生态旅游区	√	√		√			√	
贺兰山岩画	√	√		√		√		
黄沙古渡	√	√		√		√		

主要景区（景点）	R—P 关系构成				R—M 关系构成			
	观光 G	休闲 X	专项 Z	复合 F	广域 A	中域 B	狭域 C	偏域 D
中国枸杞馆			√			√		
茹河瀑布	√	√		√		√		
森淼生态旅游区		√					√	
古雁岭	√						√	
西夏陵			√			√		
六盘山国家森林公园	√	√		√				
老龙潭	√	√		√			√	
西夏风情园		√				√		
黄河外滩旅游区	√	√		√			√	
隆德老巷子	√	√		√			√	

　　人民的富裕促进旅游需求的增长，旅游产业的繁荣又进一步促进国民经济的发展。近年来，宁夏旅游业发展迅速，呈逐年增加态势，不但增加了就业，还提高了人民生活水平。从2015年到2019年五年间，接待游客量、旅游总收入、A级景区数、旅行社数量以及接待量超过30万人次的景区数量都在逐年增加。2016年全区旅游业接待游客首次突破2000万人次，旅游总收入首次突破200亿元，是跨越式发展的关键一年。在星级酒店的建设方面，2019年全区共有100家星级酒店，刚刚步入百家星级酒店行列，与全国平均水平还有一定的差距（表6-2）。

表6-2　2015—2019年宁夏旅游业主要发展指标

年份	接待游客（万人次）	旅游总收入（亿元）	A级景区（家）	旅行社（家）	星级酒店（家）	接待量30万人次以上景区（家）
2015年	1839.48	161.30	56	118	102	23
2016年	2159.95	210.02	57	121	102	20
2017年	3103.16	277.72	73	135	99	24
2018年	3344.70	295.68	81	152	95	26
2019年	4011.02	340.03	89	169	100	27

数据来源：《2015—2019年宁夏旅游经济发展统计公报》

（三）宁夏乡村旅游发展现状

乡村旅游是实施乡村振兴战略、实现乡村脱贫、解决"三农"问题的有效途径之一。乡村旅游资源有以下几方面构成：一是乡村自然旅游资源，包括地貌、气候、水文、土壤、生物等；二是乡村有形文化旅游资源，如农作物、牲畜、林木、聚落、交通工具、人物、服饰等有形物质；三是乡村无形文化旅游资源，如人们的思想意识、道德情操、价值观念、心理特征、思维方式、民族性格、历史沿革、风俗习惯、宗教信仰等；四是乡村转型形成的特色旅游资源，如互联网、电商、高科技、康养等。构成乡村旅游的自然环境、有形资源、无形资源以及特色资源往往是联系在一起的，你中有我，我中有你，很难完全地把哪种要素分离出来单独作为乡村生态旅游的吸引要素。宁夏乡村旅游主要呈现以下特点。

第一，不断提升基础设施。旅游交通设施的建设和完善是发展乡村旅游的关键环节和重要支撑。实施旅游续建、新建项目逐年增加，旅游集散中心、各场馆布展、文物与遗址的保护与修复，进一步完善乡村旅游景区连接线、步道、停车场、旅游厕所和景区导引系统等基础设施。

第二，不断提升乡村旅游品牌形象。各市县积极推进酒店创星、农家乐创星工作，这项工作不但能提高从业者的积极性，更能吸引游客，提升品牌形象。同时，宁夏各县积极举办"山花节""美食节""文化嘉年华"等文化旅游系列品牌活动，将文化与旅游紧密融合，与各媒体、网站、平台、公众号等合作进行宣传报道，全面加强文化旅游宣传，使得特色旅游产品的品牌影响力和美誉度不断扩大。

第三，特色乡村旅游持续升温。统一规划、统一管理、特色不明显的农家乐已经不能满足广大人民的需要，历史、文化、艺术、民俗、研学、科技等有特色的乡村旅游资源越来越能够吸引游客。比如说长城研学人数明显增多，自驾观光、长城徒步、考古研究等活动丰富多彩。2019年盐池县召开了长城文化研讨会，不但吸引了区内外的旅游者，还为盐池县长城保护和利用起到了积极促进作用。

二、宁夏乡村旅游发展存在的问题

虽然宁夏乡村旅游工作取得一定成绩，但也存在一些不足和短板。主要表现在：乡村旅游资源整合度不够，文化内涵挖掘不深，旅游产品特色不鲜明；整体宣传营销机制不健全，资金效益转化率低，旅游接待能力和服务水平亟待提高；交通住宿、旅游集散、休闲服务等基础设施建设欠账较多，乡村旅游人才队伍建设滞后，很难适应新时期文化旅游协同发展需求等。

（一）旅游资源优势不明显

宁夏是经济欠发达地区，乡村旅游业起步较晚，很多旅游产品的开发还处于初级阶段，每个景区都还处于单打独斗模式，没有形成资源整合的思想，导致了大量的浪费，资源优势也无法凸显。在表6-3中可以看出，2015—2019年农家乐旅游人均花费五年间呈现整体下降的趋势。宁夏的农家乐旅游仅限于为旅游者提供食宿，同时卖剪纸、刺绣、野菜、清真牛羊肉等土特产品。知识结构、生活环境的共性决定了当地居民参与旅游的形式单一，所有农家乐格局一模一样，规划建设也缺乏特色，导致游客滞留时间短、花费少，影响到农家乐的持续发展。宁夏乡村旅游缺乏精品：宁夏旅游资源相当丰富，但由于开发过程单一，使得旅游产品内容单调、层次较低，无法形成精品，无法形成清晰明确的旅游形象，带动效果不明显。乡村旅游资源挖掘的不够深入：由于旅游资金投入明显不足，宁夏对有一些旅游产品的开发只限于资源本身，无法挖掘其更深层次的文化内涵、背后故事，导致旅游项目出现同质化现象，缺少创意，同时游客参与性不强，无法形成强大的吸引力。因此，政府应该运用加大财政投入、积极吸引民间资本的进入、抓住政策机遇争取加大政策资金的支持、加大招商引资的力度等多元手段，拓宽资金渠道。深度挖掘现有乡村旅游资源以求创新，培养专业人才以产生内生动力，加大宣传以提高知名度，提升景区品位以打造鲜明的旅游形象，从而形成资源优势，提高宁夏乡村旅游综合竞争力，加大市场份额。

表6-3 2015—2019年宁夏旅游发展情况表

年份	接待游客 （万人次）	旅游总收入 （万元）	人均花费 （元）
2015年	371.29	26 861.83	73.35
2016年	578.51	38 706.22	66.91
2017年	712.40	43 684.02	61.32
2018年	603.82	32 635.73	56.37
2019年	550.97	31 472.73	61.14

（二）乡村旅游规划缺乏系统性

乡村旅游规划不是单一的，要与其他规划（如城市规划）相互联系，各规划之间相互联系、相互调整，否则就会构成资源、成本的大量浪费。宁夏目前的乡村旅游规划项目多是各自为政，与其他相关规划缺少协调和衔接。在制定旅游规划的时候没有与其他部门沟通，这样做出来的规划可行性较差。

项目规划的制定和实施与总体规划脱节，项目规划的制定既要联系政府部门制定的总体规划又要指导具体实施，但目前很多制定的规划既没有解读总体规划又过于抽象，表面看上去完整、高端，让具体实施方很难理解，因此在执行时会随时改动，结果往往与政策相违背，在整改过程中造成浪费。目前大部分规划的制定都是由高等院校、研究机构的人员完成的，由于这些人员的社会关系、本职工作等原因，做好一个系统完整的可操作的规划实际上是有难度的。一个完整的规划涉及很多领域，交通、通信、电力、服务，甚至于建筑、医疗、环保等方方面面，首先要研究这些方面的规划，在做设计时与其相互沟通，达到相互带动和促进的效果。其次，编制规划要坚持以资源为依托，以市场为导向，以文化为内涵，以特色为根本，既要立足当前、科学定位，又要考虑长远，适当超前，确保规划既与政策紧密衔接又翔实具体。再次，要完善旅游规划单位的认证管理，进行市场化操作，避免受到社会关系的影响。通过规划，有效整合旅游资源，建设旅游精品，优化产品结构，提升产业竞争力，确保全区旅游产业可持续发展。

（三）基础设施建设相对落后

宁夏乡村旅游业起步较慢，与之相关的人力、物力、财力、政策等配套设施与服务都相对落后。虽然各级政府都已经意识到了这一问题，开始着手进行乡村旅游基础设施的建设，但大多数地区仅停留在对道路硬化、厕所改造等基础的投入。从对旅游景区的调研中可以发现，宁夏各大景区都存在基础设施落后的问题。比如说水洞沟景区，从交通、餐饮、住宿、购物到娱乐参与等方面的基础设施都处于初级阶段，停车场、旅游标识、餐饮服务是亟须解决的问题。各大重点景区的基础设施建设标准低、规模小、设施陈旧落后，停车场、旅游服务中心、旅游标识、智慧旅游系统、旅游产品的深度开发、游客休闲娱乐产品的开发等方面建设都处于初级阶段。基础设施的落后严重制约旅游产品开发，游客的体验感、满意度都会大打折扣。目前，宁夏旅游基础设施的滞后严重制约了宁夏乡村旅游业的发展，基础设施是旅游的"灵魂"，能够大大增加游客的体验感与满意度，加大旅游业基础设施的建设势在必行。根据查缺补漏的原则，对各大重点景区进行缺啥补啥，深挖故事、传说、特色文化，建设一批独一无二的高质量乡村旅游区。

（四）缺少乡村旅游专业人才

缺少专业人才不仅是乡村旅游行业的问题，也是宁夏创新发展的最大短板。创新驱动本质上是人才驱动，以人才创新为第一资源。积极引进高端人才、急需紧缺人才，培养用好本土人才、实用技术人才。实施创新驱动发展战略的根本发力点在聚集人才。乡村旅游由于自身发展的限制性，使得高素质的旅游管理人才和旅游服务人才极度匮乏。旅游业的发展需要大量的人才，大多数优秀的人才不愿意远离市区进行工作。乡村旅游经营中的管理人员大多为村干部和村民，乡村旅游从业人员多数未接受过正规的专业知识培训，服务水平参差不齐、业务素质普遍较低。党的十九大提出的"产业兴旺、生态宜居、乡风文明、治理有效、生活富裕"的总要求，产业兴旺是首要任务。发展农村特色产业、积极试点产业创新、增强农业农村农民的内生发展动能是实现乡村振兴、全面打赢脱贫攻坚战的有效途径，同时也是吸引人才的有效方法，是人才施展拳脚的"大舞台"。重视产业发展、提高产品和产业技术水平、工艺改进、研发新产品、不断挖掘和创新发展新特色，每一样都是以人才为核心的发展结果，每一样都是为人才搭建的施展舞台，只有大力发展农村特色产业才能稳步推进乡村振兴，而乡村旅游业正是农村特色产业的有力表现。

三、以特色小镇为抓手发展乡村旅游业

2017 年 5 月，宁夏党委、政府办公厅明确提出在国家推动新型城镇化、新农村建设的背景下，自治区将分批择优培育一批特色小镇，示范带动全区特色小镇建设。目前，宁夏共有 7 个国家级特色小镇，10 个省级特色小镇。在特色小镇的发展模式方面，我国当前主要有以下三种模式。第一，以企业为主体，政府发挥引导和服务作用。政府通过对特色小镇作出明确的发展规划，确定其产业定位、完成基础建设以及审批工作之后，再通过引进民营企业来完成特色小镇的建设。第二，政府和企业一起建设特色小镇，政府主要

做好特色小镇的发展规划，然后联合企业一起培育小镇的特色产业。第三，以政府为主体来建设特色小镇，然后根据市场需求及小镇产业定位进行招商引资，最终成立国资公司，来推动特色小镇的发展。

（一）以特色小镇为抓手着力推进文旅空间优化

推动文化和旅游协同发展，是以习近平同志为核心的党中央作出的重大决策。2016年7月，习总书记在宁夏视察时指出"发展全域旅游，路子是对的，要坚持走下去"，更加坚定了我们将文化旅游融入社会发展特别是高质量发展、构建诚信体系建设等工作的信心。

一是在建造特色小镇的同时增强文化场所和文化服务的旅游功能，引导博物馆、文化馆、图书馆等进行宜游化改造，改造旅游标识。将宁夏作为一个整体旅游区来讲，第一，需要一个统一的旅游形象标识，此标识要与宁夏未来旅游发展定位一致。同时统一旅游标识设计标准，对全区旅游标识进行现场勘查，将介绍牌、标识牌、图案等视觉因素在材质上做到统一，在使用代表方向、距离等符号上也要保持统一。第二，需要在更多的细节方面融入特色化和个性化，增强视觉冲击力。以与旅游发展定位一致的形象标识为基准，不同的特色小镇以自己的特色为重点引入不同的主题，不同的区域使用各具特色的旅游标识，阐述不同的故事和主题。第三，可以利用智能化标识系统全面开展全域旅游的"二次营销"，以游客所在位置为出发点，弹出附近相应的旅游消费项目，对游客进行信息传递和引导。还可以在小镇中增加夜光和荧光路牌等，让游客得到最大的便利。还可以对有悠久历史的古巷或名人故居增加路牌引导和介绍。对一些消失的历史遗迹、遗址等增设介绍牌，增加历史厚重感，真正落实全域旅游。

二是特色小镇与乡村旅游同时打造，共建共享。深入学习贯彻习近平总书记在宁夏考察时的重要讲话精神，全力推进文旅协同发展，在艺术创作与旅游市场协同发展，公共文化服务与旅游服务协同发展及打造特色小镇等方面持续发力。围绕旅游开展文艺创作，培育和发展一批优秀旅游演艺作品、歌曲、地方小戏等，积极支持文艺进景区、图书进景区、非遗进景区、文物进景区等，为建设特色小镇打下良好的基础。引导旅游扶贫，鼓励旅游企业服务农民就业增收，促进城乡旅游互动和城乡一体化发展，旅游成果全民共享。着力发展演艺娱乐、时尚旅游、文化会展等旅游业态，建设集旅游、休闲、娱乐、餐饮、购物、展示于一体的时尚文化旅游小镇；发展农业观光、农果采摘、农事体验等休闲农业小镇；以工业园区为核心，打造集产品销售、特色农产品展示、产品制造、商贸交易为一体的工业旅游小镇等，全面推进乡村旅游提档升级。依据各乡镇资源基础积极谋划特色小镇项目，把美丽乡村建设与打造特色旅游区域相结合。同时进一步推进"厕所革命"及人居环境整治，加快旅游景区厕所规范管理、免费开放、提标升级统筹落实推进。进一步完善城市和乡村旅游交通配套体系，对乡村旅游点增设公交停车点，开发城市观光交通、旅游专线公交等，让游客到小镇来更方便、更快捷，体验感、满足感更强烈。

（二）以特色小镇为抓手促进乡村三产融合

目前，旅游业与第一产业融合已初见成效，星级农家乐、休闲农业游等建设提高了农产品附加值，增加了农民收入。但旅游装备制造、旅游工艺品设计等第二产业的融合处于起步阶段，三产融合表现不够明显。

一是政府引导、科学规划、规范管理。结合城市主体规划，国土、城乡建设、交通、林业、环保、水利等专项规划，科学编制较为完善的旅游发展规划体系。加强旅游市场监管，建立旅游综合执法机制，联合文旅、公安、交通、卫生、应急管理、市场监管等部门开展常态化市场联合执法。科学规划是龙头、产业支撑是根本、农民增收是动力，从建设到管理，始终体现了政府的主导作用。做到与旅游总体规划、土地利用、农业发展、村镇建设等规划相衔接，避免资源浪费，要突出发展重点，以更前瞻的思维、更宏观的视野、更高的定位来谋划，可以选择最有潜力的乡镇、村庄和景点，率先发展，以点带面，打造亮点。农牧、乡镇等部门共同发力，借助蔬菜公园、农业公园、渔业公园，打造集循环农业、创意农业、农事体验于一体的产业链条，利用"旅游 +""生态 +"等模式，打造乡村旅游特色小镇，树立一批示范点和特色品牌，实现农产品转变为旅游商品，推进农业与文化、旅游等产业协同发展。充分挖掘和整合边塞军事文化、黄河文化、民间传说等资源，加大文化元素的植入，建设一批文化小镇，实现文化与旅游有机结合。政府引导有实力的企业大力开发旅游景点、特色旅游产品、特色旅游纪念品等，加大旅游特色商品推销力度，实现文化资源转变为旅游商品，振兴乡村旅游。加快推进农村环境的综合治理，建设整洁、卫生、和谐、优美的旅游环境，增加游客的游玩兴趣和滞留时间。要鼓励能人返乡，聚合人才、资金、资源优势，成立乡村旅游合作社和协会，提升管理水平。

二是以建设特色小镇为契机谋划一批彰显特色的重大乡村旅游项目。丰富文化旅游节庆活动，挖掘非遗产品的潜力，丰富各个景点与场地的文化内涵，在特色小镇内举办乡村文化旅游节、农业嘉年华、插秧节、羊肉节、西瓜节、农民丰收节、民间社火、花灯节、航空科普节等旅游节庆活动，以活动吸引人气。同时在小镇中推广各种特色小吃及农副产品，将旅游活动与乡村休闲、文化体育、竞技赛事、特色小吃等有机结合，承办全国、西北、全区知名文化交流和体育赛事，提升宁夏乡村旅游资源的知名度和影响力。认真筹划"红色文化""绿色文化""民俗文化""遗址文化"相融合的重大旅游开发项目，建设一批多元融合的例如"滩羊小镇""盐湖康旅小镇"等特色小镇。以推进建设黄河流域生态保护和高质量发展先行区为目标，讲好"黄河故事"，把黄河文化贯穿于文化和旅游发展的全过程，打造一批沿黄特色小镇，以稻渔空间为示范，打造生态田园观光、民俗风情互动、产业科普认知、农耕文化体验区，全面协同发展一二三产业，沿黄特色小镇还可以开发"夜间经济"，打造夜景、夜演、夜宴、夜购、夜娱、夜游等新业态。

（三）以特色小镇为抓手提升乡村旅游综合服务能力

一是提升旅游接待能力。以特色小镇为抓手集中打造一批乡村旅游示范点、重点村、特色小镇，指导扶持发展一批精品农家乐、特色民宿，增建星级宾馆与星级农家乐，深入推进"厕所革命"，提升乡村旅游接待能力；加强旅游商品和文创产品开发，合理布局一批旅游商品专卖店，培育名特优新旅游商品，打造美食城、夜市、农夫集市、特色街区等，加快旅游产品提档升级，满足乡村旅游者的心理需要；加快建设集旅游形象宣传展示、信息咨询、投诉受理、票务代理、旅游体验、旅游集散及旅游便民服务等为游客提供一站式旅游便捷服务的全域旅游服务中心，依托公园、广场、旅行社营业点和重点景区积极探索设立游客咨询服务点；进一步优化旅游交通服务体系，完成旅游交通标示标牌，提高重点景区的旅游交通通达度，解决旅游景区"最后一公里"；培育重点景区的"自驾游"线路，引导"自驾游营地"、房车营地和汽车旅馆建设，完善"自驾游"旅游产业体系；进一步加快旅游信息化建设，构建集数字景区、电子商务、数字化营销等在内的数字旅游系统，提升旅游信息服务水平，推进交通、公安、旅游等涉旅数据信息共享，提升旅游公共服务、市场营销、行业管理智能化水平。

二是提高旅游管理能力。实施人才强旅工程。以县级职业中学为依托，加强与宁夏旅游学校、区内外旅行社合作，争取在县级职业中学开设旅游专业，采取送出去、请进来、开展技能大赛等形式，加强导游、讲解员和住宿餐饮从业人员培训，提升旅游服务能力。计划引进一批文化旅游行业龙头企业和专业人才，借助外力提升文化旅游行业队伍建设水平。全面贯彻落实党的十九大提出的"产业兴旺、生态宜居、乡风文明、治理有效、生活富裕"的总要求。对于宁夏深度贫困地区，农业生产力低下，农村剩余劳动力较多，劳动密集型产业的潜力依然较大。产业振兴要先从镇及基础好一点的村开始，按照农业高质量发展要求，深入推进农业供给侧结构性改革，加快发展农产品精深加工、乡村旅游、休闲康养、电子商务等新产业新业态，建设农村特色小镇，坚持将乡村产业放在乡镇，把产生的效益、获得的收入留在农村，真正让农业就地增值、农民就近增收。支持有条件的乡村建设以农民合作社为主要载体、让农民充分参与和受益，集循环农业、农事体验于一体的田园综合体，通过农业综合开发、农村综合改革转移支付等渠道开展试点示范。以"政策红利"激发"人才红利"，坚持多元育才，提升乡村振兴内生动力，鼓励支持返乡农民工、大中专毕业生、科技人员、退役军人和工商企业等投入新农村建设、乡村旅游、发展农村新业态新模式。

三是增强旅游保障能力。保障旅游供给要素，全面提升游客幸福感。优化提升"吃、住、行、游、购、娱"旅游传统要素，保障游客旅游行为顺利进行。以小镇为范畴，餐饮业向特色化、健康化、绿色化转型，鼓励开发推出富有吸引力和民族特色的美食品牌，打造一批特色美食街、星级农家乐，引导游客形成绿色健康不浪费的饮食习惯。提升星级宾馆住宿档次，创建一批星级酒店，提升乡村民宿，发展特色民宿产业。打通各大景区之间的循环路，尽快实现内畅外联、快进畅游的交通格局。挖掘现有的文化特色，充实景区游览内涵，整合景区的生态、文化、环境等各种资源，优化景区外部环境，打造符合市场需求的高品质景区产品，开发一批引擎性项目，拉动乡村旅游业的整体提升。开发本地特色产品，在小镇内推销特产，使游客不虚此行，同时好产品也要宣传推广，举办各种文创大赛，做好宣传营销。坚持娱乐节目的民族性、地方性、民俗性，培育一项具有地方特色的主题文旅活动。

宁夏发展乡村旅游既要遵循乡村旅游发展规律又要突出乡村地方特色。每个事物的发展都有其固有的内在规律，乡村旅游也不例外，只有按照发展规律办事，才能在发展过程中少走弯路。要因地制宜，根据农村实际情况，在有条件的地方优先发展，不能千篇一律。要把发展乡村旅游作为帮助偏远山区或少数民族地区致富的有效途径，选择那些旅游资源丰富的地方优先发展，以帮助那里的农民早日致富。要加强对乡村旅游产品开发的分类指导。要以满足游客旅游审美需求为宗旨，引导游客深入到乡村的田园风光或山水景观里去。二要突出农场或庄园。要体现"住农家屋、吃农家饭、干农家活、享农家乐"的农家特色，将旅游与农事、旅游与休闲有机结合起来。三要突出民族风情。要注重乡村旅游的民族特色，尤其要在建筑、服饰、饮食、歌舞等方面尽可能体现出地方民族风情。不论是自然景观、农家特色还是民族风情，都可以以这些资源为依托建设特色小镇，在建设特色小镇中发展乡村旅游，在乡村旅游中完善和发展特色小镇，你中有我，我中有你，相互依托，相辅相成。

第四节　传统村落与乡村旅游发展

一、传统村落与乡村旅游的互动关系

（一）传统村落丰富了乡村旅游的文化内涵

随着全域旅游的深入推进，传统村落在乡村旅游发展过程中发挥了重要作用。在千百年的农业劳动实践中，宁夏各族群众依黄河之利，创立了包括工程类、特产类、物种类、聚落类和民俗类等在内的各项传统农耕文化遗产，这些传统农耕文化遗产在有效节约水土资源、维护生物多样性、保障粮食安全、改良土壤环境、修复生态环境和塑造乡风文明、推进农村社会治理等方面发挥了重要作用，体现了独特的动态保护思想和农业可持续发展理念。譬如，分布在宁夏各个村落的院落式四合院、窑洞、古堡子、平顶房等别具一格的传统民居，都是勾起旅游者浓浓乡愁的文化元素。相对来说，传统村落较一般村落更具历史、传统、民俗、民宿、餐饮、建筑、农耕等方面的优势特征，是乡村旅游吸引外来游客的重要文化体现。沉积在传统村落中的古钟、古桥、古墓、青砖、青瓦、石雕、砖雕、羊皮筏子、黄渠桥羊羔肉、中宁蒿子面、口弦、六盘山抟土瓦塑等传统农耕文化遗产，都是从人们的生产、生活习惯中演变和形成的，具有悠久的历史渊源、独特的艺术品格、完善的知识体系和较高美学价值，在活态性、适应性、复合性、战略性、多功能性和濒危性等方面具有显著特征，已经深深与当地群众的生产、生活习惯紧紧融为一体，显示出了浓郁的地域特色。传统村落是农耕文化遗产的重要承载者，传承着具有浓郁地域特色的民俗风情、乡土文化、传统技艺、传统生产生活方式和礼仪制度等。在宁夏各地还绵延着祭河神、放河灯、祭山、青苗水会、游九曲等传统民俗活动，反映了人们"趋吉避祸、祈求平安"的情感表达。在祭祀活动中，人们怀着敬畏的心情有序参与到每一项既定程序，折射出了乡土

社会人们法天敬祖的思想。当然，这些民间观念与信仰，在一定程度上又发挥了超乎想象之外的诸多价值，对于人们世界观塑造、乡村社会秩序建设的再构具有重要作用。随着乡村旅游的发展，自治区把保护和传承传统村落作为宁夏美丽乡村建设提质增效的重要举措，具有重大的战略意义和现实意义。

（二）乡村旅游为传统村落注入了新鲜血液

在传统村落发展乡村旅游，最直接的效益就是可以为传统村落带来可观的旅游收入。第一，当地政府以发展乡村旅游为契机，对传统村落进行统筹规划，加强村落道路、民宿、环境绿化、厕所卫生等公共基础设施的建设，并对村内古建筑、老房子等给予适当维修或修缮，使传统村落在不改变原有生态样式的情况下实现了旧貌换新颜。第二，通过乡村旅游建设，促使当地居民积极参与其中，在接待、住宿、餐饮等方面获得了一定的旅游收入。第三，随着人们生活水平的提高，旅游者开始对乡村旅游中的非遗等民俗项目产生了浓厚兴趣。传统村落可以以此为抓手，大力提升当地极具特色的民俗项目，一方面可以使游客在参与互动中享受到传统农耕文化的魅力，另一方面使非遗等民俗项目在互动中得到传承和发展。更为重要的是，在使当地具有一技之长的非遗传承人获得旅游收益的同时，还可以产生因旅游人气而带来的文化自信和身份自豪，从而使他们能够安下心来，传承弘扬当地数百年的传统技艺，如草编、柳编、麻编、纸织画、砖雕、糖画、枸杞种植、红枣栽培、擀毡、二毛皮、羊皮筏、手工地毯、贺兰砚、羊皮筏子、金积大缸醋、中宁蒿子面等。当然，很多传统技艺，给人们更多的还是倾向于经济价值的呈现，在自给自足的农业社会，传承已久的包括贺兰砚、擀毡、手工地毯、中宁蒿子面、大武口酿皮、麻编等在内的传统技艺，都是为了满足自身生活的需要，在当下的商品社会，这些生产民俗必然要走向市场，接受商品经济的检验。因此，在乡村旅游发展中，积极融入现代科技元素，发展产业经济可以为当地传统技艺带来新的生机。

二、在传统村落发展乡村旅游的困境分析

（一）缺乏有效保护和传承，传统村落遭到一定程度的破坏

随着宁夏移民搬迁和乡村振兴战略的实施，以及城镇化建设进程的加快，宁夏南部山区很多农村居民离开了原来不适宜生存的地区，搬进了整齐划一的移民新村，一些传统民居遭到遗弃，面临倒塌的命运。譬如，窑洞①曾是广布于宁夏中南部山区的主要民居形式，具有独特的建筑风格和显著的地域特色。然而，随着移民搬迁和砖瓦房的兴起很多窑洞已经被弃置不用，流传千百年的箍窑技艺面临被尘封的危机。2013年7月，习近平总书记在湖北调研时强调："农村绝不能成为荒芜的农村、留守的农村、记忆中的故园。"一些传统村落，为了迎合乡村旅游，对原有民居进行了大面积改建，导致村内原有建筑风貌被破坏，如隆德红崖村老巷子，由于没有进行合理规划，加上了一些现代化元素，出现新老民居混杂居住的现象，从而打破了村落的原有布局。传统村落作为自然与人类共同创造出来的美丽景观，既存有乡村田园风光这一看得见的物质文化遗产，又存有流传下来的耕作技术、传统技艺，以及与之相关的风俗习惯等看不见的非物质文化遗产。然而，我们在调研中发现，一些传统村落由于地处偏远山区，虽然当地农民对传统农耕知识、传统技艺、乡规民约和乡风

---

① 窑洞是分布在黄土高原及其边缘地区的一道独特居住景观，在宁夏中南部山区盐池、同心、海原、原州、彭阳等县区均有分布，百年以上的窑洞主要集中在彭阳和盐池两县。宁夏的窑洞主要有崖窑、箍窑和地坑窑3种类型。崖窑，利用自然形成的山体，依山靠崖在山体斜坡处垂直平挖的一种窑洞形式。在普通窑洞院落中，正中一孔较大窑洞为主窑，两边有客窑和贮藏窑（多为两孔）等。近二三十年来随着移民不断往外搬迁，大部分窑洞被遗弃，有些已经倒塌。不过，目前在盐池、彭阳的一些乡镇仍有漂亮窑洞供村民使用。箍窑，在平地上修筑的仿窑洞式建筑。先就地打出两道撑托窑顶拱形部分的墙体，然后在窑顶拱形部分用传统人工夯筑而成。二十世纪七八十年代以前，在同心、海原等地曾广泛分布，随着农村砖瓦房的兴起，箍窑逐渐消失。地坑窑，也叫地坑院。就是先从平地上四方四正开挖下去一个院落，然后在这个正方形的院落四周墙面上再挖出若干个窑洞。素有"窑洞土中生，院落地下藏。平地起炊烟，忽闻鸡犬声"的说法。在宁夏中南部山区盐池、彭阳的一些乡村（譬如在盐池县王乐井乡、彭阳县城阳乡等乡镇）还有一些地坑窑的遗存。

民俗具有一定的知晓度，但随着劳动力的转移和农户兼业化，近三成的受访者对传承已久的乡风民俗了解程度较差。我们在海原县九彩乡就当地传统技艺擀毡情况进行了调研，在"您对传统农耕文化遗产擀毡了解程度"的调查问卷中，有12.5%的调查对象选择了"完全不了解"，有47.5%的调查对象表示"听说过但不知其具体情况"，有37.5%的调查对象表示"稍有了解"，只有2.5%的调查对象表示"非常了解"。在一些条件较差、信息闭塞的农村，由于现实生活的压力以及对下一代的教育，迫使许多村民迁出村落，导致村落自然消失。有学者指出："一旦村民无法在传统业态的产业链上谋生，往往只有出走村落，在城市的边缘或打工或经商谋生。"① 随着城镇化建设和大量农民进城务工，② 很多村落，尤其是富含传统耕作技术、传统技艺，具有一定文化底蕴的村落，出现青壮年外出务工、妇女陪伴儿童进城上学，只有一些零星老人苦守"空巢"的现象。村落人口老龄化、空巢化导致很多村落出现衰败现象，外出务工人员的增加以及留守儿童、空巢老人的增多，都会潜移默化地破坏村落的传承和发展。绵延在宁夏的一些传统耕作技术或传统技艺，像枸杞种植、长枣栽培、砖雕、滩羊皮鞣制、擀毡等，多是靠经验的积累，需要长期的观察和学习。由于遗产地居民对自己手中持有的传统农耕文化遗产的价值了解不够，意识不到目前正在使用的现代化工业技术对传统农耕文化遗产所造成的破坏，加上很多人不知道采取何种方式进行保护和开发利用，导致很多传统农耕文化遗产面临消失的危机。甚至很多农村居民对自己司空见惯的文物遗址、遗迹或遗存有一种视而不见的感觉，更别说对这些古遗址、遗迹或遗存进行有效保护了。譬如，蜿蜒在一些村落的古长城遗址、遗迹或遗存，以及一些古堡子遗址，虽然当地

---

① 丁智才. 新型城镇化背景下传统村落特色文化保护与传承——基于缸瓦窑村的考察 [J]. 中国海洋大学学报，2014（6）.

② 据《2018—2019宁夏区情手册》，从2011年起，宁夏的城镇化率每年都呈上升趋势。其中，2011年的城镇化率为49.8%，2012年的城镇化率为50.7%，2013年的城镇化率为52%，2014年的城镇化率为53.6%，2015年的城镇化率为55.2%，2016年的城镇化率为56.2%，2017年的城镇化率为57.98%，2018年的城镇化率为58.88%.

百姓对其来龙去脉头头是道，但这些遗址、遗迹或遗存仍然存在被损毁或消失的危机。由于年久失修，加之传统村落的空心化，导致一些具有文物价值的古建筑遭到破坏，损毁速度远远大于保护速度。由此，我们不难发现对传统村落的保护和传承已经到了迫在眉睫的地步了。

（二）旅游基础设施较为薄弱，服务体系尚未建立

我区有些已经被开发成乡村旅游目的地的传统村落，旅游基础设施得到了不断改善，但在交通、住宿、餐饮、

穿过兴武营村的明长城

长城烽火台

娱乐、购物等方面，旅游服务体系仍不健全。我们走访了龙泉村、南长滩村、北长滩村、梁堡村、红崖村、长城村等几个传统村落，除了龙泉村、南长滩村能够提供住宿、餐饮外，其他村落皆处于旅游发展的萌芽阶段，并未做好旅游经营的准备，有些村落像北长滩村、红崖村等只是修建了凉亭、走廊等休憩地点。很多村落的基础设施以及生产生活条件较城市来说还是过于落后，甚至找个厕所都有难度，这对在城市生活惯了的游客来说有诸多不适，从而大大降低了传统村落的吸引力。虽然很多地方在一些类似于农耕博物馆的场所，集中收

集并用以展示诸如石磨、碾子、风箱、木耙、耧车等传统农耕用具，在一定程度能够勾起旅游者的怀旧思绪，然而这离"望得见山、看得见水、记得住乡愁"的乡村旅游标准尚有距离。譬如，中卫北长滩村是全区最早一批入选"中国传统村落名录"的村落，但是若要到村子里去消费体验，不便的交通路况和坍塌破败的村落环境立刻会使旅游者的兴趣减少。由于村内的双神庙、清代商铺等传统建筑未能得到有效修缮，使得村子显得极为衰败不堪。一直以来，乡村旅游多是以农家乐的形象展现在人们面前。然而，到一些乡村旅游目的地，却并不能使游客享受到可口的餐饮美食，譬如，黄渠桥羊羔肉、手抓羊肉、中宁蒿子面等，在当地能够吃到的，在城里一样也能吃到，甚至品种更多、口味更佳，价钱也要比乡村旅游目的地更为实惠。由于全区乡村旅游起步晚，主要存在规模小、档次低等问题，一些乡村旅游的建设项目还局限在建房开路阶段，甚至很多乡村旅游模式仍以休闲观光为主，类型单一，文化特色不明显。很多传统民俗、传统技艺也未在旅游开发中得到充分应用，游客无法感受到这种具有浓郁地域特色的民宿风情体验。因为乡村薄弱的旅游基础设施和凌乱的村落环境，以及乡村田园风光、民俗风情和地域文化的缺失，使游客难以感受到乡村休闲、自然、古朴、怀旧和"记得住乡愁"等优势特征，从而导致很多乡村旅游收入不高，存在消费低、体验差等问题。政府在项目开发中也没有充分挖掘出适销对路的旅游产品，较少将当地特色和非遗元素融入乡村旅游，没有较大形成乡村旅游的优势资源，这使全区乡村旅游很难产生较强的震撼力和吸引力。据很多旅游者反映，到了乡村白天看是蓝天白云，一到晚上就成了漆黑一片。如何在传统村落打造乡村旅游目的地，开展具有较强吸引力的民俗体验项目，应是当前业界深入思考的问题。

（三）当地土特产和文旅商品开发层次低，季节性较为明显

要打造全域旅游示范区发展乡村旅游经济，当地土特产和特色文旅商品是不可或缺的一块。当地土特产和特色文旅商品既能够拉动旅游消费，也是地方形象的主要标志之一。虽然宁夏各地都已经有打出招牌的土特产，如香山硒砂瓜、中宁枸杞、盐池甘草、海原小茴香、同心银柴胡、彭阳红梅杏、西吉马铃

薯等。可是，全区能够叫得响的文旅商品，以及与土特产相关的衍生产品却少得稀奇。到一些特色文旅商品店，虽然泥哇呜、咪咪、口弦等特色民族乐器摆得琳琅满目，然而销售情况却并不乐观。在千百年的农业劳动实践中，宁夏各族群众经过长期的生产生活实践，选择和培育出了许多与当地生态资源具有较好协调性的特产类或物种类品种资源，像中宁枸杞、灵武长枣、盐池滩羊、香山硒砂瓜、海原小茴香、同心银柴胡等，都是经过当地群众的长期培育和品种选择的结果，具有独特的生态适应性和较高营养价值的农作物遗传资源，在抗病、抗虫、抗旱、耐盐等方面有着丰富的遗传多样性，为生物多样性和生态环境保护发挥了重要作用。然而，当地很多土特产却都只是以初加工产品的形象展示在消费者面前。在外地游客的印象中，虽然宁夏的很多土特产都很有特色，却没有开发出较高附加值的特色产品，而且季节性很明显。如何将这些土特产和特色文旅商品与现代科技元素和传统审美元素融合起来，通过深加工的形式延长产业链，打造具有宁夏特色的品牌应是需要业界深入思考的问题。

（四）在现代都市文化的冲击下，传统农耕文化受到冷落甚至挤压

随着城镇化进程的加快，许多农村居民的生产生活方式逐渐发生变化，对村落的传统种养殖、传统手工技艺日渐陌生，与左邻右舍的互动关系逐渐弱化，对村落文化不再重视，村落的保护与传承和文化延续逐渐失去载体。在现代都市文化的冲击下，传统农耕文化受到冷落、甚至挤压。一些农村居民在半工半农的游离状态下，思想观念发生了变化，导致传承千百年的乡土礼仪被打破，有些地方的传统农耕文化几乎处在断层和失传境地。究其原因，一是大量农民进城务工，由于常年外出，使得村民与邻里之间的交往越来越少，祖祖辈辈在农业生产中结成的和睦关系逐渐瓦解，传承多年的邻里关系、乡村礼仪被慢慢淡化。对此，有学者指出："许多我们童年还鲜活的文化，既有物质的，又有非物质的文化正在快速地远离我们，失去生命的活力。"[1] 二是一些传统手工技艺，像原州民间古建筑技艺、二毛皮制作、木板雕花、传统小吃等多是靠经验

---

① 陈耕 . 关于文化生态保护的再思考 [J]. 福建艺术，2008（2）：17.

的积累，需要长期的观摩和学习，但很多人却在更高经济利益的驱动下，对传统手工技艺失去信心，从而导致很多传统技艺面临失传的危机。三是由于农村居民外出，大量房屋闲置，不少村庄成了"空心村"，致使很多村落显得毫无生气，缺乏活力。外出务工人员离开村落后，一些人不愿意回到家乡，从根本上切断了乡愁的根，这对传统村落来说就失去了农耕文化的后续补充力量，这无疑是致命的。传统村落及传统农耕文化的创造者和传承者是当地村民，在现代文明和外来文化的冲击下，传统村落的居民尤其是年轻人不愿意去继承和发展，对传承千百年的传统文化缺乏自信，致使很多独具特色、极具民俗体验价值的传统技艺，如二毛皮、羊皮筏子、箍窑、剪纸、珠绣、砖雕、石雕等，正在发生变迁、衰退，甚至面临消失。如何依靠传统村落，依托传统技艺等非遗项目发展乡村旅游，应是提高乡村旅游收入，保护传统村落的一个主要方向。

（五）缺乏特色产业支撑，很多村落呈现"空壳化"

一旦失去特色产业的支撑，传统村落就会显得无精打采、缺乏生机，并最终走向衰落。譬如：长城村，2018年入选国家第五批传统村落名录，位于彭阳县城阳乡以北，因战国秦长城贯穿辖区内而得名。村内民俗文化丰富，有白马庙、饮马潭等人文景观，还有民间根雕、刺绣等非物质文化遗产。剪纸是长城村村民装点、记录生活的民间艺术。剪纸艺术在长城村从来没有中断过，有"活化石"之称。它是长城村民间历史文化内涵最为丰富的艺术形态之一，比较完整地传承了中华民族的哲学思想。然而，这些民俗文化、传统技艺却不能给村民带来实际的经济收入，更不能支撑村落永久的绵延发展。据资料显示，近20年来宁夏农民外出务工人数一直呈上升趋势，其中2019年全区农民工总数达100.5万人（包括外出农民工77.3万人，本地农民工23.2万人）。[①] 乡村发展的主体是农民，但从事农业的人数在锐减，农民不从事农耕带来的后果是他们对乡土文化的远离和陌生。在农村依附城市的经济发展模式下，城乡收入差距在不

---

① 宁夏回族自治区统计局，国家统计局宁夏调查总队.2019宁夏统计年鉴 [M]. 北京：中国统计出版社，2019.

断拉大，城乡文化差异却在缩小，城市文化覆盖了人们的精神需求。据统计，目前宁夏农村常住居民家庭的主要收入来源并不是单纯的农业收入，而是靠在外务工所得。[①]部分农村青壮年因常年外出打工，其生活方式、娱乐方式以及审美情趣都悄然发生了变化，对传统农耕技术逐渐陌生。农村居民是传统农耕文化遗产的创造者、使用者和守护者，随着城镇化和农业现代化进程的加快，农村的生产生活方式和人们的思维方式随之发生变化，农民也在这种浪潮下，从传统农耕文化的传承者变成了观望者。郭勤华指出："面对城镇在就业机会和收入方面的巨大吸引力，大量农村人口向城镇集聚，直接导致了农村人口特别是青壮年人口的减少，随之出现传统村落物质的、精神的'空壳化'，日益成为非常严重的社会问题。"[②]我们在调研中了解到，由于城市基础设施和公共服务优越于农村，越来越多的年轻人选择进城安家创业，使农村"三缺、三化、三无"现象日益凸显，即村庄缺人气、缺活力、缺生机，村庄空心化、农户空巢化、农民老龄化，村庄建设无规划、无秩序、无特色，部分村庄环境脏乱差。譬如，旱作梯田是宁夏南部山区的基本农田，由于农业收入远远低于外出务工的收入，大量青壮年到城镇务工，成块连片的梯田被闲置荒芜。对于祖祖辈辈传承下来的传统农耕文化遗产，农村居民在保护与传承方面所发挥的作用十分有限，即使那些眷恋故土的老人有着强烈愿望，但在实践中也缺乏承担该项重任的能力。对此，习近平总书记2020年6月8日至10月在宁夏视察时明确提出："要加快建立现代农业产业体系、生产体系、经营体系，让宁夏更多特色农产品走向市场。"遵照习近平总书记为我们指引的方向，自治区在乡村建设上应积极培育传统特色产业，分析村落自然景观、空间格局、整体风貌、建筑特征、历史环境要素等物质文化遗产的特征，评估其历史、科学、社会等价值，通过

---

① 据《2018宁夏经济要情手册》，2018年全区农村常住居民人均总收入为18 627.6元，其中，工资性收入为4547.9元，经营性净收入4638.5元，农牧业收入2954元，转移性净收入2158.5元。

② 郭勤华. 宁夏村落文化保护与传承研究 [J]. 宁夏师范学院学报，2016（5）：117.

"公司＋合作社＋农户"的形式，引进龙头企业，开展精深加工，延伸产业链条，做大规模、做强产业、做出品牌，将传统村落的资源优势转换为产业优势，将农村环境基础设施建设与特色产业、休闲农业、旅游开发等有机结合，带动乡村旅游业发展，实现农村产业协同发展与人居环境改善互促互进，激发传统村落的内生动力。

三、在传统村落发展乡村旅游的路径选择

（一）加强规划引导，优化空间布局

通过乡村总体规划，优化村落空间布局。建议自治区全面开展传统村落基础普查工作，摸清全区传统村落底数，建立传统村落档案。出台传统村落保护办法，指导全区传统村落的认定、管理、保护和利用工作。编制出台传统村落保护发展规划，确定保护对象，划定保护范围，制定保护管理规定，加强规划设计对传统村落空间形态、自然肌理、房屋建设、公共空间等的规划引导，做到人文、生活、生态三者和谐统一，实现文化、旅游、生态、社会功能的有效叠加。对项目建设、农房建设等进行全过程监管，推动传统村落保护工作程序化。出台传承保护与改善人居环境的具体措施，注重生态保护与旅游开发的关系，将靠近城镇或近郊的村落纳入城镇化管理，与城市协同发展，在生产生活方式方面，靠近城镇或近郊的居民要逐步与城市接轨，在产业发展上更多融入城镇化建设；对远离城市的偏远乡村，要更多关注其生态效能、文化传承与旅游开发、村落建设的有机接轨，通过对土特产附加值的开发和文旅产品品质的提升，提高乡村旅游收入。

（二）完善公共基础设施，做好乡村旅游准备

随着全域旅游在全区的深入发展，乡村旅游已如火如荼地展开。我们认为要发展乡村旅游，就要加强基础设施和配套服务建设。规划乡村旅游应以改善民生为根本目的，打造一批环境优美、生态宜居的特色旅游村镇。发展乡村旅游，要与乡村振兴战略有机结合，制定特色旅游村镇建设标准，推进乡村旅游向以享受乡村环境、修养身心健康、体验民俗风情为主的乡村度假旅游转型。

譬如，贺兰县常信乡四十里店村的稻渔空间，就是通过以发展稻渔立体种养，形成了以休闲观光农业为主的乡村旅游。目前，园区每年产出大米260万公斤，接待游客20多万人次，带动周边农民80余人就业。在乡村旅游建设中，要按照"一镇一特色、一地一风情"，全面提升软硬环境建设，打造一批产业兴旺、生态宜居、乡风文明、治理有效、生活富裕的旅游村镇。在规划建设中，以政府力量为主导，通过合理的规划和具体的措施步骤，引导农民既"种农田"又"种风景"，帮助有条件的公司、企业或个人规范农家乐、农家客栈等基础设施建设，督促民宿经营农户改厨、改厕、改房、修整院落，提高乡村旅游服务质量。提升一些有条件的村镇，[①]如支持镇北堡影视小镇、黄渠桥美食小镇、盐池滩羊小镇、泾源森林健身小镇、迎水桥枸杞沙漠小镇建设，依靠村落原生态自然风光，大力打造一批空气清新、环境优美、生态宜居的民俗文化村，吸引城市居民前来旅游体验，使乡村旅游在宁夏全域旅游示范区建设的舞台中绽放光彩。同时，要深入挖掘民间传统小吃，丰富农家乐、生态农庄和乡村民宿等餐饮住宿项目，在乡村旅游目的地打造特色餐饮和民俗旅游品牌。如以饮食文化为切入点，以羊肉为主的滋补美食为产品特色，融入传统烹饪技艺，结合民俗住宿，建设盐池美食风味村。深度实施"旅游+"战略，着眼乡村旅游与科技、文化、金融、农耕、民俗等产业对接融合，鼓励和支持有条件的旅行社将

① 2019年7月宁夏入选第一批全国乡村旅游重点村名单的村落有：中卫市沙坡头区迎水桥镇沙坡头村、固原市西吉县吉强镇龙王坝村、固原市隆德县陈靳乡新和村、银川市永宁县闽宁镇原隆村、固原市隆德县城关镇红崖村、石嘴山市大武口区长胜街道龙泉村、吴忠市利通区上桥镇牛家坊村、银川市西夏镇北堡镇镇北堡村、吴忠市盐池县高沙窝镇兴武营村。2020年7月宁夏入选第二批全国乡村旅游重点村名单的村落有：银川市西夏区镇北堡镇华西村、固原市泾源县泾河源镇冶家村、银川市西夏区镇北堡镇吴苑村、固原市隆德县温堡乡新庄村、吴忠市青铜峡市叶盛镇地三村、银川市贺兰县常信乡四十里店村、固原市隆德县神林乡辛平村、吴忠市利通区东塔寺乡石佛寺村、中卫市中宁县石空镇倪丁村、固原市西吉县将台堡镇毛沟村、固原市泾源县大湾乡杨岭村、石嘴山市惠农区礼和乡银河村、石嘴山市惠农区红果子镇马家湾村、固原市彭阳县城阳乡杨坪村、固原市原州区河川乡寨洼村、吴忠市盐池县花马池镇曹泥洼村、中卫市中宁县石空镇太平村、固原市隆德县观庄乡前庄村、石嘴山市平罗县黄渠桥镇黄渠桥村、中卫市沙坡头区迎水桥镇北长滩村。

银川市贺兰县四十里店村稻渔空间（张绍慧／摄）

目光挪向乡村旅游发展，从政策和资金上对其给予斜倾扶持。加快推进十大特色产业示范村建设，提升发展一批农家乐、渔家乐乡村旅游点，创建一批现代农业庄园，引领休闲观光农业发展。鼓励组建民宿产业联盟，以"公司＋协会＋农户"模式推动乡村民宿的品牌营销、连锁运营、标准服务、特色发展。譬如，西夏区镇北堡镇吴苑村志辉源石酒庄，就以"公司＋农户"的形式，通过发展旅游解决了村里1000多人的就业问题。当然，在乡村旅游配套服务设施方面，还要督促乡村旅游经营户不断提升农家乐和乡村民宿的接待环境，引导农家乐和民宿经营户进行庭院、客房环境营造。

（三）注重原生态保护，深耕传统农耕文化

很多传统村落的构建布局都是利用水文地形，或临河而筑，或依山而建，或依地势布局，相互协调、自然和谐、层次明显、错落有致。自治区在发展乡村旅游、提升传统村落的过程中，要尽量使传统村落原有空间、形态、建筑、院落风貌得以保存，使村落的原有布局得以保持，丰富村落的公共空间，体现出人与自然、人与社会和谐共处的属性，凸显宁夏传统村落的特色。传统村落只是在漫长的岁月磨砺中，逐渐失去了其原有色彩，并且在当下日新月异的现代化发展中显得不合时宜。所以，在保护性开发和维修过程中，必须尊重当地村民的历史传统，做到实用、耐用、安全、便利与现代审美兼顾。当然，虽然我们强调尊重传统，但是并非因循守旧、故步自封，也要与时俱进，赋予传统村落现代化气息和先进文化内涵，将现代科技文化和时代精神融入村落建设当中，引入夜晚灯光元素，安装现代化基础设施，使之成为能够经得起现代生活检验的新时代美丽乡村。宁夏很多传统村落都保存有反映传统农耕文化的传统技艺、传统民俗，以及与之相关的风俗习惯等。在保护和传承传统村落的过程中，通过现代科技文化元素的渗透，辅以先进的科技手段，提升传统文化审美以及当地农业附加值，实现在挖掘宁夏本土特色文化资源基础上，加强原创文化产品的创意制作、设计策划。当然，保护传统村落，不仅是为了在村落布局、传统建筑等方面复原村落的原有风貌，更要寻找村落经济持续增长的新动力，注重村落的长久发展，让村民在传统村落的规划建设与乡村旅游发展中获得经济收入和文化自信。所以，在妥善保护传统建筑的基础上，引入现代科技元素完善原有村落的基础设施，依靠生态和文化优势，形成新时期村落聚落效应，进一步完善新型农村医疗卫生设施和公共服务设施，将"厕所革命"延伸到村落，这不仅有利于吸引外来游客体验参观，而且有利于促进城乡一体化发展，使村民享受到改革开放的成果。在实施乡村旅游建设过程中，政府还要花大力气引导乡村旅游目的地、农家乐等按照标准从硬件和软件上进行提升，尽量使用当地优质原料，减少设计成本，依托当地的资源特色，绿化环境、发展生态，并保持村落原有布局、原有建筑风格。另外，还要充分利用传统村落的特色资源，积极挖掘村落传统文化内涵，在政府的主导下，积极开发具有当地特色的文旅商品。譬如，让中卫南长滩村、北长滩村结合水文化，开发赏梨花、摘红枣、体验羊皮筏子制作等民俗项目；在隆德县奠安乡梁堡村有一处名曰"世德堂"的古宅子，该村可以结合自己的历史传统，积极发展剪纸、刺绣等民俗文化产业。在乡村旅游发展过程中，旅游经营者要与当地乡政府以及村委班子共同学习借鉴外地先进的经验理念，提升经营能力，增强村落的旅游魅力，提高旅游经济收入。

（四）拓展民俗体验项目，丰富乡村夜间文化生活

随着社会的发展，久居城市的人越来越向往农村的田园风光，到乡村感悟、亲近大自然。村落的生产生活方式、传统技艺，以及与之相关的风俗习惯等，是吸引外来游客的重要元素。在传统村落发展乡村旅游目的地，不仅要有重点保护传统村落原有的古建筑、古文物、古堡子、古宅子，以及传承这里的传统习俗、传统技艺，而且要在住宿、餐饮、卫生、交通、民俗体验、生态植被、特色文旅商品等方面做足功课，加强村内道路、停车场、绿化环境、厕所卫生、住宿餐饮等基础设施的改造升级，实施垃圾污水集中处理。营造一个让游客既愿意来旅游，又愿意留下来休闲度假的环境。然而，由于全区乡村旅游目前正处于起步阶段，民俗体验活动开展得还比较少，尤其到了晚间就显得更为单调、寂静。对此，各地政府应该深入挖掘当地传统农耕文化内涵，高品质、高水准策划一批夜间文化娱乐活动，培育一批参与性强、市场认可度高的旅游娱乐演出项目。不断丰富游客夜游活动，可以举办类似于篝火晚会性质的团队性活动，也可以让农户以农家乐的形式经营像酒吧、茶艺馆、健身房等消费性经营场所，在乡村集中打造一批集特色餐饮、旅游购物、民俗体验、康体养生、晚间休闲于一体的消费性娱乐场所，形成全天候旅游服务。广大农村，尤其是传统村落，是一个集历史文化、生态环境、传统习俗和自然景观于一体的聚落，政府可以考虑将整个乡村作为规划空间，以当地特有的传统农耕文化遗产为主要内容，规划建设集休闲度假观光旅游于一体的开放型农业生态博物馆，对涉及传统农耕文化遗产的农业田地、自然景观、活动场所、遗址遗迹，以及对以传统手工艺为代表的传统农耕文化的生存环境给予整体性保护和开发利用。在保护和传承的过程中，要深入挖掘传统民俗文化、传统技艺等文化内涵，积极融入现代科技元素，坚持原生态文化体验，为游客深度感受当地传统习俗文化提供传统民宿体验。在恢复和发展传统村落的过程中，要以"望得见山、看得见水，记得住乡愁"的原

则来传承传统农耕文化，依托具有传统农耕文化底蕴的村落，建立民俗文化展示中心、生态观光园、生态体验农场、自主采摘园、民俗体验馆等，使传统农耕文化与现代科技有机结合，打造集旅游、休闲、居住于一体的乡村旅游目的地。

（五）注重村民诉求，建立与现代化接轨的传统村落

在保持村落原有风貌的基础上，不能忽视村民对于美好生活品质的诉求。我们要建设"望得见山、看得见水、记得住乡愁"的传统村落，必须充分考虑村民的诉求，在保护村落原有布局的基础上，完善现代化生活设施，让家家户户都引上自来水，安上太阳能和沼气池，使农村居民和城里人一样拥有干净便捷的现代化卫生洗浴设施。只有满足了村民自身生存和发展的需求，才能更大限度发挥他们对村落居住环境保护和建设规划的主观能动性。在乡村旅游建设中，可考虑引入旅游创意农业、休闲农业等新型业态，打造兼具观光、休闲度假、康体养生等功能为一体的现代休闲型生态农业。针对不同的生态自然条件，打造不同类型的乡村旅游目的地。在引黄灌区，做大宁夏引黄古灌区世界灌溉工程遗产品牌，大力发展田园观光、稻田养鱼、农事体验、文化传承、保健养生、科普教育等旅游产品，集中展示沃野千里、鱼米之乡的"塞上江南"风情；在贺兰山东麓，打造集酒庄休闲、葡萄酒文化体验、高端度假等功能于一体的葡萄酒文化旅游长廊；在中部干旱带，围绕生态移民、草原观光、防沙治沙、戈壁探险、旱作节水设施等，打造特色农业旅游产品；在南部山区，重点开发风土民俗、梯田观光、航空旅游、林下经济等乡村旅游体验。着重开发休闲度假、农业观光等特色乡村旅游产品，全面推介泾源县二十公里旅游景观道、隆德县老巷子民俗文化村、西吉县龙王坝村等乡村旅游发展经验，积极支持举办乡村旅游节庆活动，着力打造原生态乡村休闲旅游品牌，六盘山山花节、庙庙湖桃花旅游节等一系列节事活动吸引区内外大批游客踏青赏花、休闲观光。通过加大旅游产业融合开放力度，将现代高新技术融入其中，提升全区乡村旅游科技水平、文化内涵、绿色含量，增加创意产品、体验产品、定制产品，发展融合新业态，提供更多精细化、差异化旅游产品和更加舒心、放心的旅游服务，使

宁夏乡村旅游最终向大旅游格局转变。同时，大力发展"特色小镇＋民宿""景区＋旅游新村""休闲农庄＋合作社＋农户"等模式，依托乡村旅游建设，一方面吸引城市居民前来"体验民俗风情，享受农家美食"，另一方面使当地居民在乡村旅游中吃上"旅游饭"。

参考文献

［1］王致兵．全球化：人口迁移、文化融合、社会整合国际研讨会简讯［J］. 探索与争鸣，2010（12）.

［2］赵文娟，崔明昆，沙建．工程移民的生计变迁与文化适应——以泸沽湖机场移民为例［J］.云南地理环境研究，2011（3）.

［3］陈琛．南水北调中线工程移民与迁入地文化融合研究——以河南省邓州市为例［D］.河南财经政法大学硕士论文，2013.

［4］刘有安．20世纪迁入宁夏的汉族移民社会文化适应研究［D］.兰州大学，民族学博士论文，2010.

［5］郎伟．宁夏有天下人——说说宁夏的移民文化［J］.中国民族，2002（01）.

［6］刘天明，王晓华，张哲．移民大开发与宁夏历史文化［M］.银川：宁夏人民出版社，2008.

［7］李文庆．2017宁夏西部扶贫攻坚报告——宁夏生态移民绩效研究［J］.新西部，2018（2-3月上旬刊）.

［8］姜晓芸．移民文化建设存在的主要问题及对策建议［J］.产业与科技论坛，2019（12）.

［9］党红星，刘广海．移民文化与旅游的耦合［J］.山东社会科学，2012（04）.

［10］方向新．农村变迁论——当代中国农村变革与发展研究［M］.湖南：湖南人民出版社，1998.

[11] 许欣欣 . 当代中国社会结构变迁与流动 [M]. 北京 : 社会科学文献出版
社，2000.

[12] 费孝通 . 江村农民生活及其变迁 [M]. 甘肃 : 敦煌文艺出版社，1997.

[13] 王铭铭，王斯福 . 乡土社会的秩序、公正与权威 [M]. 北京 : 中国政法大
学出版社，1997.

[14] 王铭铭 . 村落视野中的文化与权力 [M]. 北京 : 生活·读书·新知三联书
店，1997.

[15] 费孝通 . 乡土中国 [M]. 上海 : 上海世纪出版集团，2016.

[16] 中国中央电视台 . 记住乡愁 [M]. 江西 : 江西美术出版社，2015.

[17] 费孝通 . 乡土中国生育制度 [M]. 北京 : 北京大学出版社，1998.

[18] 胡必亮 . 中国村落的制度变迁与权力分配 [M]. 山西 : 山西经济出版社，
1996.

[19] 王颖 . 新集体主义 : 乡村社会的再组织 [M]. 北京 : 经济管理出版社，
1996.

[20] 赵东 . 乡村振兴战略下文化产业发展的几个基本概念 [J]. 学术交流，
2019（2）.

[21] 詹绍文，李恺 . 乡村文化产业发展 : 价值追求、现实困境与推进路径 [J].
中州学刊，2019（3）.

[22] 丹增 . 文化产业发展论 [M]. 北京 : 人民出版社，2005.

后 记

　　《宁夏乡村特色文化资源与旅游》一书在宁夏回族自治区文化和旅游厅的领导大力支持下，在宁夏民族艺术研究所相关研究人员及参与撰写人员的共同努力下，历经一年多的时间，完成撰写任务，统稿、修订，最终定稿付梓。

　　为了能突出宁夏的乡村特色文化资源，我们对该书的提纲进行了多次修改，最后邀请专家开会论证，确定提纲，分配任务。全书共六章，冯晶晶完成第一章的第一、二、三节和第二章；王晓静完成第一章的第四节；王庆锋完成第三章；李涛完成第四章；武淑莲完成第五章；张治东完成第六章的第一节和第四节；鲁忠慧完成第六章的第二节；宋春玲完成第六章的第三节。各位作者根据自己的撰写任务对宁夏乡村特色文化资源与旅游进行了广泛的调研，为撰写文书打下了坚实的基础。

　　本书能顺利定稿，离不开各级领导的支持与关怀和各界同仁们的帮助，也非常感谢撰写稿件的每位作者。

　　本书编写时间紧迫，书中难免有纰漏和不足的地方，希望广大读者给予批评指正。

编　者

2021年1月